JN027216

Le réel insensé: Introduction à la pensée de Jacques-Alain Miller

Nicolas Floury

ニコラ・フルリー　松本卓也＝訳

現実界に向かって

ジャック＝アラン・ミレール入門

人文書院

現実界に向かって　目次

序　9

第一章　哲学から精神分析へ　23

第二章　精神分析臨床　57

凡例

・傍点は原文のイタリックを、鍵括弧は原文のギュメを表す。
・訳者による補足は〔　〕で示した。
・〈　〉は原文において大文字から始まる単語にあてたが、「l'Autre（大文字の他者）」については「大他者」と表記している。

現実界に向かって——ジャック゠アラン・ミレール入門

序

かつてはアルチュセールの弟子であり、バルト、カンギレム、デリダ、フーコーの弟子でもあり、後にラカンの著作との情熱的な出会いから精神分析家となり、今日においてはメディアにしばしば話題を提供する〔ジャック゠アラン・ミレールという〕風変わりな一人の人物を、いったいどのように紹介すればよいだろうか？　ラカンの娘婿、そしてラカンのセミネールの共著者としてだろうか？　フロイトの大義派 École de la Cause freudienne の指導者として、あるいは毛沢東主義の元活動家としてだろうか？　それとも単に、この五〇年近くのあいだの精神分析の発展、その理論や臨床、諸機関の発展に貢献した世紀の思想家としてだろうか？

本書は、読者がミレールという人物について自分の意見をもつために十分な情報を提供する機会となるだろう。すくなくとも、私たち（筆者）はそうなることを望んでいる。とはいっても、本書がジャック゠アラン・ミレールの思想のすべてを復元ないし要約していると主張する気はまったくない。しかしながら、私たちは彼の思想からアウトラインを引き出し、主要なテーゼを抜き出し、主張を明確にしたいと思う。一言でいえば、ミレールの思想の軌跡を描くことを試みたいのである。〔その軌跡のなかで〕ミレールは、ラカン派のオリエンテーションにおける精神分析の諸概念を問うているのだが、それだけではなく、哲学や政治をも問うている。

言語を愛する者

ジャック゠アラン・ミレールは、言語を愛する者である。彼は幼少期から本をむさぼるように読み、言葉の力、その響き、そして書物によって横断することができる世界の広がりを発見していた。彼は、文法の厳密さに本質的にそなわっているものと、その厳密さから導かれる論理のことをよく理解していた。彼の言葉への愛好は、それ以来決して変わることがなかった。彼のすべての著作は、語る動物〔である人間〕に言葉がかくも深い影響を与えうるという謎によって動機づけられている。言葉は身体に作用し、ある単純な表現が喜びの陶酔や激怒をひきおこすこともありうる。また、言葉は場合によってはヒステリー性の麻痺や、幻覚をひきおこしたり消失させたりすることもある。どんな言葉であろうと、言葉は――コミュニケーション以外のことなら――どんなことにでも使えるのである。

この言語への愛は、後にミレールを著述家にするだろう。それには、幼児期の影響が決定的な役割を果たしていた。六歳のとき、ミレールは麻痺に苦しんでいた（どんな医師も、ミレールの謎めいた病気の原因を見つけることができなかったようである）。麻痺は六ヶ月ものあいだ続き、彼は病床に寝たきりとなった。まだ子どもだったミレールは、その機会を利用して、昼夜を問わず読書に没頭した。このエピソードが、彼の著述家としての性向を決定づけたということなのだろうか？　確かに、彼はヴォルテールやモリエール、ディドロが書くようなフランス語の美しさにすっかり気圧され、いつか自分自身でも書いてみようと思ったのかもしれない。あまりに長時間読書に没頭することにいくらかの恥ずかしさを感じたこともあったようだ。世界とその狂乱から切り離されて、ひとりで快感を得ていたのだ。読むことは、「罰を受けることのない悪徳」(1)であったのだろうか？

ミレールが若いころに書いた論文を集めた『人生の門出 Un début dans la vie』の序文

において、彼は自分のことをあらわすために意図的に三人称単数を用い、自分が「感動的な散文」への嗜好をもっていることについて振り返っている。この嗜好は、〔後に〕特にジャック・ラカンの大変特長のある「小さくかぼそい話し声」への耽溺をうみだした当のものである。

しかしながら、ミレールは〔文学ではなく〕哲学を選んだ。おそらくそれは、彼が正確に立てられた推論——人を立腹させることがつねであるような推論——を好んでいたからである。すなわち、「いっさいの正しい議論は、人を立腹させる」[2]のである。ミレールは、ジョン・ロックに関する学位論文を提出し、哲学科の教授資格試験に合格している。彼がジャック・ラカンに出会ったのはその時期であった。ミレールが哲学から精神分析へと方向を変えたのは、おそらく、精神分析のなかに、言葉の謎めいた力をもっとも強力に理論化するディスクールをみてとったからであろう。すなわち彼は精神分析のなかに、言葉のもつ疎外の力、運命を左右し、さらには変えてしまう力を見出したのだが、それだけでなく、喜びや熱狂の源泉となる、解放する力をも見出したのである。

解明への情熱

ジャック＝アラン・ミレールのもう一つの情熱は、解明することである。「解明すること」とは、明確にすること、もつれをほぐすこと、解きほぐすこと、光をあてることである。すなわち、それは「霧を晴らし、火に息を吹きかけ、観念をスキャンし、観念にオッカムのカミソリをあて、真であろうとし、三秒間を一秒で体験し、議論し、筋を通し、明るみに出し、丸裸にし、見破り、骨に達するまで突き刺すこと」(3)である。こういったものが「パリの放射線科医の息子であった若きジャック・ミレールの欲動と野心の一部を」(4)構成していた。ジャック・ミレールは、一六歳のときに初めての書き物に署名した際、自分の名前に「アラン」(5)を付け足した。彼は後に傑出した教授、教育者となった。彼が好むの

(1) *Cours de l'orientation lacanienne*, leçon du 28 novembre 2007, inédit.

(2) 訳注：スタンダール『赤と黒』に登場する格言。

(3) *Un début dans la vie*, Gallimard, Paris, 2002, préface.

(4) *Ibid.*

(5) ジャック・ミレールは以後、自らをジャック＝アラン・ミレールと呼ぶことになる。ミレールは、この〔名前の〕付け足しを公然と解釈している。すなわち、「一者をもつ（ア・ラン）A l'Un」、真ん中に一者をもつ者、という解釈である。しかしまた、「ジャック＝アラン」には、甘ったれた（カ）＝怠惰な（ラ）＝性交（ン）câlin という響きもあ

は、相手のまなざしに「ひらめき」を見ること、つまり何かを理解したことを示す小さな閃光が輝くのを見ることである、と彼は隠すことなく語っている。彼の著作が示している通り、彼は謎を解明し、それを伝達し、さらには共有することを他の何よりも好んでいるのである。

ミレールとラカンのどちらが、相手を〔重要な人物として〕選んだのだろうか？　ミレールに目をつけたのはラカンなのだろうか、あるいはミレールがラカンの魅力に文字通り「取り憑かれた」のだろうか？　確かなことは、ミレールがその人生の大半をラカンについて教えることに費やし、まったく違ったものに発展したかもしれないもうひとつの仕事をわきに追いやったということである。実のところ、ジャック・ラカンの思想は体系をなしてはいない。つまり、師〔＝ラカン〕は、曖昧で手さぐりの状態にあったとしても、ひとつの考えを追求することを躊躇せず、さらにはまったく反対の考えに向かうことさえも躊躇しなかった。ラカンは、このような方法で一歩ずつ、有効な概念を構成していったのである。それゆえ、その考えを解明する誰かが必要とされていた。そして、ジャック＝アラン・ミレールがジャック・ラカンに忠実であるということは、必然的にラカンを賞賛することしかできないということでもあった。それは首尾一貫した、決して打ち消すことができない忠誠である。「私がラカンに出会ったとき、彼は六四歳で、私は二〇歳でした。彼と私のあいだには、商業社会において同僚を蹴落とすような敵対関係は決してありませんでした。二人の関係は中世の時代にみられたような関係でした。つまり、男同士の関係、誠実と忠誠です。私は彼の忠実な味方だったのです[6]」。

ミレールは、彼が一九七三年以来「ラカン的オリエンテーションの講義 Cours de l'Orientation lacanienne」と呼んでいる講義、すなわちパリ第八大学精神分析学部で行われている講義のなかで、自らの考えの主要部分を発表している。〔ミレールは、その講義のタイトルについて次のように主張している――「ラカン的オリエンテーションは存在する。しかし、いかなるラカン的ドグマも存在しない。言語のように構造化された無意識というテーゼすら存在せず、文字練習帳や聖務日課書、大要、教義神学に載るようないかなるテーゼも存在しない。存在するのは、フロイトという出来事を創設するテクストとの継

る。ミレールは、彼が自分に与えたその名前は、彼にとっての固有名となるものであり、「ジャック゠アラン」は、とりわけ「ミレール」というかなりありふれた苗字よりも、はるかに彼を特別な者としていると語っている。

（6）*Le Monde*, 13 février 2004.

続的な〈対話〉だけであり、経験を構造化するシニフィアンの骨組みに対して経験を対決させせつづける永久的なミドラッシュ〔＝ラビ・ユダヤ教の聖典解釈〕である」[7]。解明すること、それは紆余曲折する思考の海を上手に航行するための羅針盤をつくることであり、その海のなかで自らの場所を見定めることを可能にするような概念を創造することである。ラカンの思想がいかに難解であり、いかに複雑に錯綜しているとみなされているのかはよく知られている。ミレールは、何年もかけて、その思想を――彼の友人であるジャン＝クロード・ミルネールのタイトルを借りるなら――「明解な著作 œuvre claire」[8]に仕立てていった。彼は、ラカンの思想に含まれるターニングポイント、その本質的な主張、理論的な方向転換とそれに伴って必要となる理論の再編成、その構造と固有の弁証法を一歩ずつ再構成していったのである。

もっとも、ミレールに対して、彼の論理主義や論理実証主義を批判したり、そして彼が本質的にバロック的なラカンの思想を公理化ないしマテーム化しているのではないかという批判を向ける向きもある。ラカンの思想はそれ〔＝公理化〕によって、根幹となるものや唯一の豊かさであるもの、すなわち言表行為 énonciation を失ってしまう、としてミレールは批判されたのである。弟子〔であるミレール〕がラカンの思想を教理問答に仕立てあげ、師の思想の精神を捻じ曲げてしまった、と言うこともできたのである。〔しかし、本書の議論によって〕こういう意見に対しては慎重にならなければならず、ミレールの思想もラカンの思想と同じく、彼の教え〔＝教育活動〕enseignement が進展するにつれ変化していったということを私たちは理解するようになるはずである。

ミレールは、自らを単なる「〔ラカンの〕仲介者」と定義することができたが、その役割を遙かに凌駕してもいる。彼は、たしかにラカンの思想を解読し整理して〔他者に〕伝える代行者 passeur であるが、この理論的解明の運動のなかで、精神分析に新しいものをもたらしたのである。曰く、「ラカンの文体はマラルメ的であり、それは自らのうちに凝縮されたものである。その文法は、ひとりの娘のように、こう言ってよければ、後になってはじめて理解されるような不審なものとして扱われていた。私は、ラカンの文体をヴォルテール的な文体へと翻訳し、アクセス可能なものにした。それは、人々の目の中に小さな明かりがともるのを見ることが、私の自分に対する悦び〔享楽〕jouissance だからである

（7）ラカン的オリエンテーションの講義の紹介は、世界精神分析協会のサイト（http://www.wapol.org/）で見ることができる。
（8）Jean-Claude Milner, *L'Œuvre claire*, Paris, Seuil, 1998

る。ラカンは、ヘラクレイトスの意味で暗く難解であった。私は、光をもたらしたのである(9)」。

こうして、精神分析が彼の天職であることが理解される。実際、精神分析では他者と一緒に随伴することが重要である。よく信じられているように、精神分析は、お互いをよりよく理解するためにそうするのではない。自らの唯一の力として備えているパロールの息吹を用いて、〔分析主体に〕変化を及ぼし、主体的位置を変容させるためにそうするのである。ミレールは、デューラーの版画によるアイオロスという〔ギリシアの〕風の神を紋章として選んだことが知られている。それはつまり、息吹、さらには旋風〔を意味しているの〕である。

政治的プラグマティズム

ミレールは、非常に早い時期に「プロレタリア左派」と接点をもった。それは、六〇年代初頭に、彼が共産主義学生連合 Union des étudiants communistes に一時期参加した後のことであった。ミレールが共産主義学生連合に入ったのはアルチュセールの要請によってであった。アルチュセールは、その要請と同時に、ミレールにラカンを読むことも勧めた。フランスの左翼運動のなかでももっとも文学的な色合いが強いところに参加したのは、彼にとってまったく自然なことであった。「マオイズムは、何人かの高等師範学校生の発明であり、偉大な人間への崇拝の上にうちたてられていた。そこから文体と煽動が生じ、それが今も残っているのである」[10]。かつてアラン・ジェスマル[11]の補佐役であったミレールは、少なくとも「言葉を浴びせること」や「集団的で大げさな口ぶり」として知られているようなアジ宣伝のセンスを少なくとももっていた。彼には統率する才能もあり、その才能は、急き立てを要する際にはっきりと決断を下す能力によって裏付けられていた。そんな彼は、本当の意味でマルクス主義者であった時期はなく、当時からすでにラカニアンであったのかもしれない。

ここ二〇年ほど、ミレールは精神分析の帝国という名に相応しいものを築いてきた。フランスだけではなく、スペインやアルゼンチン、イタリア、イギリス、ブラジル、アメリカにおいても精神分析の研究グループや学派の数をひっそりと、しかし根気強く発展さ

（9）*Le Monde*, 13 février 2004.
（10）*Ibid.*
（11）訳注：Alain Geismar フランス五月革命の学生主導者であり、プロレタリア左派メンバー。

せたのである。彼は、世界精神分析協会Association Mondiale de Psychanalyse(AMP)を創設した――「私はひとつの世界mondeを創った。それ以来、フロイトによって作られた国際機関、つまりフロイト派のIPA(International Association of Psychoanalysis)〔=国際精神分析協会〕と、私によって作られた国際機関、つまりラカン派のAMPが存在するのである」[12]。

こうして彼は、いくつもの局面に対峙していくことになる。思想的局面だけでなく、精神分析の臨床や実践という局面にも対峙しなければならなくなったのである。それらの局面においては、狂気が抱える漠然とした謎と対決することが避けられない。それに加えて、制度的な領野もあり、そこではつねに政治的な繊細さが発揮されていなければならない。こうして彼は、フロイトが不可能であると述べた三つの仕事――教育すること、統治すること、治療すること――に手を出すようになる。つまり、現実界の紆余曲折に情熱を燃やす者にとっては、不可能なことは、不可能であるだけにより一層欲望をかき立てられるものであるからだ。

〔本書における〕私たちの意図は、二一世紀のはじめに実践されているラカン的オリエンテーションによる精神分析に光をあてつつ、ジャック=アラン・ミレールの思想を読み解き、それについて掘り下げたいという想いを人々に引き起こすことである。しかし、入門書の枠内で、ジャック゠アラン・ミレールの稠密な思想のすべてを扱うことは、いかにして可能だろうか？　必然的に、取り残しがあることや、抽象的すぎると判断される論点を回避してしまうことや、ある程度の単純化を覚悟しなければならない。それは批判に値することかもしれない。たとえば、私たちは、ラカン派の代数学的文字〔＝マテーム〕を使わないことを意図的に選択した。それは、ジャック゠アラン・ミレールが非常に頻繁に、そして喜んで使うものではあるのだが。

（12）*Ibid.*

第一章　哲学から精神分析へ

一九六四年から六八年にかけて、ミレールはラカンの著作の哲学的読解を行っている。それは少々教義的と評価されうるような読解である。当時の彼のラカン読解は、あらゆる点において構造主義と関連するものであった。ブルーノ・ボスティールスは、正当にもそれを「構造論的因果性の理論」[1]あるいは「重層決定の論理」と名付けている。こうした論理の基礎づけとして、彼は最初のテクスト「構造の作用」[2]を一九六四年に書き、それを一

(1) Bruno Bosteels, *Alain Badiou, une trajectoire polémique*, Paris, La fabrique, 2009, p. 42. を参照せよ。

(2) « Action de la structure », *Les cahiers pour l'analyse* n°9, 1968. Repris dans *Un début dans la vie*, Gallimard, 2002.

九六八年に『分析手帖 Cahiers pour l'analyse』誌に発表した。さらに彼は、つづいて執筆された一連の論文のなかでその論理を発展させている。主として、「縫合」(3)、「母体」(4)、「U、あるいはメタ言語は存在しない」(5)といったテクストがそれにあたる。

構造主義は、ソシュールの言語学上の業績にその起源をもっている。ソシュールの理論では、言語 langue を、それぞれの要素が他の諸要素とのあいだの等価関係や対立関係によってはじめて定義されるシステムとして理解することが重要である。こういった諸関係の集合が「構造」を形成する。このような構造の研究と分析を優先させる理論の総体が、構造主義と呼ばれるのである。構造主義は、部分との関係における全体の優位、要素に対する関係の優位を強く主張する。たとえば言語学者ヤコブソンは、音声学的見地から言語を研究するために、構造主義の方法を利用した。それぞれの言語は、共通の構造から発生したヴァリエーションのひとつとなる、というわけである。アルチュセールもマルクスを構造主義的な手法で読むことに関心をもっており、歴史的現実を構造の効果として考えていた。ラカンについていえば、彼はフロイト的無意識の主体が象徴的システム、構造、すなわち言語 langage の効果である、と考えていたのである。

ミレールはこのような系譜のなかで、主体の概念がある論理によって決定されるものとして導かれることを示した。その論理においては、主体は中心的なものではなく、むしろ側面的な効果である。彼は、アルチュセールから継承した構造主義とラカンの主体の理論のあいだの両立を可能にする体制を提示したのである。ラカンは自分のことを構造主義者だとは決して自認していなかったが、高等師範学校の若き哲学者であったミレールは、精神分析を構造主義の視点から見ることを可能にする理論の基礎づけを提示したのである。彼が提示する統一的理論とは、構造論的因果性の理論にほかならない。単純な例の助けを借りながら、この理論を説明してみよう。

一五パズルと呼ばれるゲームのことを、誰もが知っているであろう。一六個の区画にわけられた枠のなかに、小さな一五枚の駒が番号を振られて割り当てられており、一六個の区画のうちの一つには駒が欠けている。その駒をひとつずつずらして、いろいろな方向へと位置を変え、順序通りに並べることがこのゲームの目的である。私たちは、このゲームから何を学べるだろうか。ゲームを決定づけるのは、一五枚の駒それ自体ではない。正し

(3) « La suture », Les cahiers pour l'analyse n°1, 1966. Repris dans *Un début dans la vie, op. cit.*

(4) « Matrice », *Omicar?* n°4, 1975. Repris dans *Un début dans la vie, op. cit.*

(5) « U ou il n'y a pas de métalangage», *Ornicar?* n°5, 1976. Repris dans *Un début dans la vie, op. cit.*

い順序へと最終的に並べられることでもない。ひとつの欠如、すなわち「空白のマス目case vide」こそがゲームを決定づけているのである。空白のマス目は、枠内をくまなく移動し、ゲームのなかで動きまわり、循環することをやめない。駒同士のあいだの関係の多様性や、その結合、さらにはその配置の多様性までもが、この「空白のマス目」との関係によってその都度決定づけられるのである。

この例によって、構造論的因果性という考えを説明し、「空白のマス目」という考えの重要性を取り出すことができる。あらゆる象徴的秩序は、一貫性をもつためにひとつの要素を締めださなければならない。この要素は、構造のなかに組み入れられながらも、構造を不完全にしてしまう。構造はそれ自体において決して閉じられず、つねに定員外の剰余を孕んでおり、この剰余は構造の外に残りながらも構造に属している。それゆえ、構造論的因果性は、構造における原因の「内的な除外exclusion interne」の上に立脚していることになる。「空白のマス目」というメタファーは、このことをうまく例証している。(6)

容易にみてとれるように、構造を構成する要素は、互いの位置を置き換えることができる。この位置の置換の可能性によって、様々な要素にそれぞれ異なった機能を確保することができるようになる。したがって、多様なものを、多様さを構成する諸要素の置き換えが生じるマトリックスによって説明することができるのだ。こうすることによって、感覚的なものの多様さを、わかりやすい運動の形式によってつかむことができる。さらに言い換えるなら、ここでは、現実 réel の多様さにおいて提示された諸対象の性質を検討するよりも、むしろそれぞれの諸対象のあいだで維持されている関係を検討することが重要なのである。すると、対象そのものの性質を問うのは二次的なことでしかないということになる。これが、構造という考えが可能にする主要な進歩である。

しかし、構造は現実界に現れるものすべてを説明できるわけではない、ということにミレールは気がつく。彼にとってこの気づきは、ひとつの閃き、ひとつの「句切り césure」となった。つまり、彼は構造主義がそれ自身の限界をもつことを理解したのである。構造主義の学説はすべてを説明することはできないであろう。構造主義が可能にする規則づけられた変形は、何かを残余として残しているのである。構造と、突然生じる偶然的事実と

（6）Gilles Deleuze, « À quoi reconnaît-on le structuralisme ? », dans François Châtelet (sous la direction de), *Histoire de la philosophie, VIII*, Le :xxe siècle, Hachette, 1973. Repris dans Gilles Deleuze, *L'île déserte et autres textes*, Éditions de Minuit, 2002.〔＝ジル・ドゥルーズ「何を構造主義として認めるか」、『無人島 1969 - 1974』小泉義之訳、河出書房新社、二〇〇三年〕を参照せよ。

のあいだには、つねに穴 trou、裂け目 béance がある。構造はすべての現象を説明することはできず、諸々の概念は現実界のすべてを捉えることは決してできない。言い換えれば、「偶然というものは、概念から外れたところにあり、このことが偶然性それ自体の概念の一部をなしている」[7]のである。構造のなかのこの「割れ目 fissure」、構造に内在する裂け目が〈主体〉Sujet にほかならないことを、私たちは後に説明することになるだろう。

このように、構造は規則にもとづいた変形を行うことを可能にするものとして概念化されたのである。それは新たな結びつきを可能にする。ミレールは、未だ知られていないマルクスとフロイトのあいだの結びつきから作業を始めようとした。曰く、「マルクスとフロイトのディスクールは、規則づけられた変形という手段によって繋がり、統一的な理論的ディスクールのなかで呼応しあう可能性がある、と私たちは主張する」[8]。ミレールが高等師範学校の同窓生ら(ジャン゠クロード・ミルネール、アラン・バディウ、フランソワ・ルニョー、ジャック・ブーヴレス、イヴ・デュルーら)とともに六〇年代に構築しようとしたのは、まさにこの統一的な理論的ディスクールである。高等師範学校の認識論サークルによって一九六六年から一九六九年までのあいだに出版された『分析手帖』は、この作業のための中心となる場所であった。

ミレールがラカンとアルチュセールから構造論的因果性の教義を形式化することができたのは、〔当時は〕多少なりとも暗黙のものであった主要な参照点を利用することができたからである。つまり、若きミレールは高等師範学校に入り、自分の師となる人々に出会うことになる以前にサルトルの思想に出会っており、サルトルを参照点とすることによって構造論的因果性の教義を形式化することができたのである。

サルトルの読解者としてのミレール

ひとたび構造論的因果性の理論という武器を獲得したミレールは、その理論のなかで主体という概念がどのように位置づけられるのかを考えなければならなくなる。構造主義者の見解と協調して機能することのできる主体――すなわち、実体なき主体――をどのように考えればよいのか？　という問いに対する答えを、ミレールはサルトルのなかに見いだしている。

（7）*Cours d'orientation lacanienne* 2008-2009, « Choses de finesse en psychanalyse », leçon du 12 novembre 2008, inédit.

（8）« Action de la structure », dans *Un début dans la vie, op. cit.*, p. 79.

誰もが知っている、「自分をカフェのボーイだと思いこんでいるカフェのボーイ」という有名な例がある。そのボーイは「敏捷(びんしょう)でおおげさな身振り」[9]をしており、カフェのボーイの役割を実に完璧に取り繕おうとしている。しかし、彼の行為はすべて演技にほかならない。「彼はカフェのボーイであることを演じているのだ」[10]。彼はそれを過剰におこなっており、過剰に演技しているのである。彼は、彼自身がその機能であるところのものと、まったく完全にひとつになっていると確信するように努めている。しかし、彼は本質的には、もしくはサルトルが言うように、「即自」としてカフェの店員であるわけではない。実際、彼は自分の同一性を失っている。つまり、彼は「即自」ではありえず、単に「対自」であることを宣告されている。これが、「同一性を欠損」[11]している主体における想像的同一化の一例である。『存在と無』の著者は、意識的存在〔＝対自〕と即自を対立させている。『存在と無』には、ミレールの注意を引く箇所がいくつも見出せる。たとえば、「意識的存在は最初の同等性において自分自身と一致することがない」[12]という記述である。自己と自己のあいだに同一性はなく、自分自身との一致は存在しないというのである。それゆえ、主体を打ちにやってくる棒のような何かが存在し、「それは同時に、単純な同一性の原理から主体を引き離す棒である」[13]。それゆえ、主体は同一化を演じることによってのみ主体となるのである。

ミレールは、ラカンが精神病に関するセミネール〔第三巻〕のなかで現実界 le réel を定義する際に、サルトルが使った「即自 en soi」という用語を用いることもできたことに気づく。そしてミレールは、今度はサルトルの他の定式のなかから、ラカンの主体概念と近い主体の構想の意味をもつものを見つける。たとえば、「自らの同一性から逃れること」「主体は自分自身から分離している」「主体を自分自身から分離するもの、それは何でもない（無である）」[14]といったものがそれにあたる。さらに、「もし欲望が自分自身に対して欲望であることが可能であるべきならば、欲望は超越そのものでなければならない」[15]という

（9）Jean-Paul Sartre, *L'Être et le Néant*, Paris, Gallimard Tel, 1976, p. 95-96.〔＝ジャン＝ポール・サルトル『存在と無』松浪信三郎訳、人文書院、一九九九年、邦訳上巻一三六頁以下〕

（10）*Ibid.*

（11）*Ibid.*

（12）*Ibid.*

（13）*Ibid.*

（14）*Ibid*, p.125, 624-628.〔邦訳上巻一六五、下巻一一二六頁以下〕

（15）*Ibid.*, p.130-1.〔邦訳上巻一八二頁〕

名高い一節もそこに付け加えられる。それは欠如、存在の欠如 manque d'être でなければならないのである。この観点から言えば、欲望は充溢したものでは決してなく、私たちはつねに自分がもっていないものを欲望するといえる。私たちは自分とは異なったものであることを欲望し、いまだ生じていない生成につねにとらわれている。このように、まさに私たちが他者ではないからこそ、私たちは他者によってつきまとわれているのである。

サルトルは、たしかに絶え間ないズレや存在の欠如、存在の欠陥について語っている。ここに、欠如としての欲望の主体というラカン的な構想の源泉を読みとることができる。「サルトルは、人間的現実がそれ自体欠如でなければならないとしているが、それはこの現実が世界に欠如をもたらすからであり、そしてそのために、人間的事実としての欲望の存在がそのことを証明するに十分であろう、と言っている。欲望はひとつの心的状態ではない。欲望は自身への逃避である――欲望は存在の欠如なのである[16]」。したがってミレールによれば、実存主義哲学は「主体のまったくの極限的な位置づけ、完全に脱実体化された位置づけ[17]」についての洞察をもっていたことになる。

まだ若き哲学者であったミレールは、『存在と無』のなかにラカン的主体の理論的諸前提を見いだしていたのである。彼はそこからサルトルのラカン的読解が存在することを導き出す。ミレールによれば、ラカンは、サルトルに見いだされる欠如という中心的観念をよりどころとして、無意識の主体を構成しているのだという。実際、無意識の主体は「存在欠如 manque-à-être」として概念化されている。ここで問われている主体とは、もちろんフロイト的無意識の主体であり、「それがあったところに生じ」なければならない主体である。

ルイ・アルチュセールからジャック・ラカンへ

若きジャック゠アラン・ミレールにラカンの著作を読むように勧めたのは、当時の高等師範学校の教務部長 directeur des études であったルイ・アルチュセールである。ミレールはフランス精神分析雑誌 Revue français de psychanalyse の数号を入手し、当時入手可能であったラカンの論文をすべて読んだ。これはまさに出会いであり、ひとつの「句切り」であった。すなわち、この読解を境として、ミレールは大きく変わったのである。彼はすぐさま、自分はラカニアンであると自認するようになった。ミレールはラカンのセミ

(16) « La topologie dans l'ensemble de l'enseignement de Lacan », *Quarto* n°2, 1981, p. 9.
(17) *Ibid.*

ネールで定期的に発表を行い、ラカンもこの若者の可能性を素早く見抜いた。ラカンはミレールに論理哲学者ゴットロープ・フレーゲを読むように勧めた。フレーゲはその当時それほど頻繁に参照されているというわけではなかった。ミレールは、サルトルの読解やフレーゲの活用を通じて、ラカンにラカン自身の思想の一部を再構成してみせた。それは「ラカンの思想に体系的な論述をあたえる」(18)ものであった。ミレールは、『算術の基礎』(19)を拠り所としてフレーゲのゼロの理論とラカンのシニフィアンの理論を照らし合わせた。主体はゼロ、つまり欠如の代理 tenant lieu として考えることができるからだ。こうしてミレールは、ラカンはフレーゲのように主体のあらゆる定義から意識を取り除いたのだ、と考えたのである。

こうしたすべての事柄が、ラカンに別の次元を与え、ラカンを別の聴衆にむけて開くことになる。アルチュセールの思考から着想を得た、ラカンの仕事に関する構造主義的な構想は一九六四年に生まれ、こうしてラカンの教えに利益をもたらすことになった。バロック的で、様々な意味で不可解であり、また大いに曖昧にもみえていたラカンの仕事が、その根底では筋の通った厳密なものであったことが、より一層多くの聴衆によって理解されるようになったのである。

ミレールは、師ラカンの著作の共著者にもなっている。『エクリ』の索引を作る仕事をラカンから一任された彼は一九六六年以来、この精神分析家の傍らでひときわ独特な位置を占めることになる。後にミレールは次のように言っている。「私は、ラカンを理解した者であるという名声を――こう言わねばなりませんが――一挙に得たのです[20]」。そして、自分の仕事を評して、最初から自分自身を数に入れないことを望んでいたという。つまり、自分自身の特殊性を捨象することによって、著者ラカンの仕事を拡張することを望んでいた、というのである。つまり、「明らかに、私は自分にとって特別なものをラカンに受け入れてもらうために、自分の特殊性をかなり殺していました[21]」。

自分自身を数に入れないこと。それは自分の人生をラカンの思想に捧げ、セミネールの筆記録をひとつひとつ作成していきながら、ミレールが何年もかけて行なっていくことである。「一冊のセミネールは、私がそれをいったん編纂してみてはじめて、一般的な理解

(18) *Un début dans la vie*, Gallimard, 2002, p. 59.
(19) Gottlob Frege, *Fondements de l'arithmétique*, Paris, Le Seuil, 1970.
(20) *Libération*, 14-15 décembre 1985.
(21) *Ibid.*

が追いついてくるようになるものだ、ということを私は認めている。そのことを認めているのである。これは編集作業であると同時に、なによりも論理化の作業なのだが、この作業がなされない限り、つまみ食い程度の理解を別とすれば、セミネールを把握することはできない」[22]。

真理の理論

ミレールは、その論理主義ないし「理論主義」を批判されたこともあった。実際、この時代のミレールは〔ラカンの〕理論的な解明を行っており、一義的とも受けとられるその解明は、師の思想を曲げてしまう不自然な囲い込みとみなされていた。しかし、一方でミレールは、ある種の論理実証主義を何度も脱構築してもいた。実際、彼はそうした論理実証主義には幻影や袋小路があるということを強調しているのである。

ミレールにとって、真理の理論には二つのカテゴリーがある。一つ目のものは「真理の鏡像的理論〔＝写像理論〕théorie spéculaire de la vérité」[23]である。この理論は、スコラ哲学の格言「事物と知性の一致 adaequatio rei et intellectus」――つまり悟性がものと一致すること――から規定されている。つまり、真理は、観念と、観念が表象するものとのあいだの対応関係によって決まると考えるのである。この対応関係は一対一対応である。つまり、真理とは、ひとつの観念や知覚に対して、唯一かつ独自の物しか対応しないということであり、また反対に、ひとつの物は唯一の表象にしか対応しないということである。真理についてのこのような考え方は、言語と世界のあいだにある対応関係が存在することを示唆している。すると、世界の中に存在するものしか語ることができないことになる。例えば、ひとつの文章は、存在するなにものかに対応していなければならなくなる。もしその文章が世界のなかに指示対象をもたなければ、その文章は空虚なものと見なされるだろう。この理由から、その文章は脇においておかれるだろう。「翼のある馬」は、すくなくとも生物学による遺伝子操作でそれを作ることができない限り、空虚な言表である。それゆえ、こういった真理の考えにはひとつの命令が含まれる――言葉と物の一致にとどまれ、という命令である。論理実証主義者は、哲学的言語を真理の鏡像的な性質だけに制限することを哲学的言語に強いることに専心している。これを「鏡像的」と呼ぶのは、言語が鏡のように物を反射しているからである。例えば、少なくとも『論理哲学論

(22) *Ibid.*
(23) « Le vrai, le faux et le reste », *Revue de la Cause freudienne* n°28, 1994, p. 8-9.

考』[24]の著者としてのウィトゲンシュタインは、命題において「世界像」について語っている。彼にとっては、言語と思考の一致は想像されうるものであった。それぞれの文章がひとつずつ、ひとつの観念に対応するだろうというのである。

〔真理についての〕もう一つの理論は、「真理の調音理論 théorie articulatoire de la vérité」あるいは「真理のシステム理論 théorie systématique de la vérité」[25]である。この理論では、「象徴的秩序のなかでの真理の自律が主張され、ディスクールに内的であり、かつ無と関係をもつ真理の転身が研究される」[26]。この理論では、ディスクールに内的な分節化のなかに真理が位置づけられ、真理を生みだすために世界との一致が必要とされることはもはやない。例えば、植物の葉が緑であると言う場合、鏡像的なタイプの真理が生まれている。私には葉がはっきりと緑に見えている。しかし何日かたつと、その植物の葉は赤くなっているかもしれない。ひとつの文章は、それが書かれたときには真であっても、何日か後には偽となる。これは、ヘーゲルが『精神現象学』[27]で概念化した有名な「矛盾」である。このように、書くという行為は、真理の鏡像理論をぐらつかせることを可能にするのである。「エクリチュールは、それ自体において真理の自己言及を導入する。真理は外的事実の観察に従属しているのではなく、真理それ自体への自己言及のなかに位置づけられる」[28]。この自己言及あるいは自律のために、〔真理の調音理論では〕真理はもはや世界のいかなる事実やいかなる世界内の現象にも従属しないことになる。

ミレールは、この二つの真理の考え方の区別を用いて、ラカンの思想の説明を可能にしている。実際、「シニフィアンが主体を代理表象する、と言うことによって、ラカンは真理の自律理論〔＝調音理論〕を鏡像理論の用語に翻訳したのである。彼は鏡像理論を破壊し、それを自律理論へと導くために鏡像理論の用語を用いている。つまり、シニフィアンは、他のシニフィアンと連結することによって主体を――空虚な指示対象としての主体を――代理表象するのである」[29]。あるシニフィアン――ここではある「語」と言っておこう――は、外部にある何物かを反映することによってしか意味をもたない（これは、鏡像理

（24） Ludwig Wittgenstein, *Tractatus logico-philosophicus*, Paris, Gallimard, 2001.〔＝ウィトゲンシュタイン『論理哲学論考』野矢茂樹訳、岩波文庫、二〇〇三年〕
（25） *Ibid.*
（26） *Ibid.*
（27） Hegel, *Phénoménologie de l'Esprit*, Paris, Gallimard, 1993.〔＝ヘーゲル『精神現象学』熊野純彦訳、ちくま学芸文庫、二〇一八年〕
（28） « Le vrai, le faux et le reste », article cité, p. 9.
（29） *Ibid.*

論の場合に主張される事柄である)。しかしながら、真理の自律理論によって導入されるのは、真理を生みだすために外界の指示対象を必要としないような考え方である。後者の理論は、二つのシニフィアンのあいだで分節化される。こうして、主体はもはや主人としてシニフィアンを操作するものではなく、シニフィアンによって代理表象されるものとなる。

ラカンがシニフィアンを「他のシニフィアンに対して主体を」代理表象するものとして定義するとき、この定義は公理として理解されなければならない。この公式は、分析経験のなかで生じることを理解するためにつくられたものである。この公式は、主体は存在をもたず、どんな実体ももたないということを意味している。主体は、二つのシニフィアンのあいだの拍動運動の結果であり効果である。このように、シニフィアンが他のシニフィアンに対して主体を代理表象しているのである。この主体は、古典的主体や心理学的主体とはまったく異なるものになる。つまり、それは「転位語〔＝シフター〕embrayeur」にほかならない。それは、言表行為 énonciation の時間において、間欠的に表象されるものである。それはすぐれて拍動的なものである。それゆえ主体はシニフィアンによって分割され、斜線を引かれているが、それはそのときなにかが失われているからである。シニフィアンによっては代理表象されえない主体の何かが。

精神分析にとって、真理は象徴と事実のあいだの一致とは関係がなく、真理は単に分節化の効果である、という点が本質的である。精神分析は患者のディスクールとしか関わらないのであって、鏡像理論の意味での真理とは何の関係もない。患者の言うことが実際に生じた事実を再現しているかどうかは重要ではないのである。初期のフロイトは、分析のなかで患者によって語られる外傷を実際に生じたものと考えていたことが知られている。しかし後には、そうしたものはすべて幻想的なものであるということに彼は気がついた。それゆえ、精神分析家にとって、真理はシニフィアンの分節化の問題である。真理は患者のディスクールのうちにある固有の指示対象であり、治療の進行に応じて世界の事実とは独立に変化しうる。

それゆえ、ミレールが真理に関して論理実証主義に従属する立場をとっているなどと言うことはできない。論理実証主義が頑として拒絶する観念があるとすれば、それはまさに真理の効果という観念だからである。この観念があれば、例えば真理をファンタスムのなかに認めることが可能になる。そんなことは実証主義者にとってはとんでもないことであろう。精神分析が実証主義とはっきりと対立するのはなぜか。それは、精神分析は言語の秩序の中でしか作業を行わず、その言語の秩序を自律したものとして捉え、それが指し示す指示対象を考慮に入れないからである。精神分析では、言表が事実と一致する必要はまったくない。精神分析に経験という概念が含まれるとしても、それは治癒によって言語それ自体の内部で生産される真理の効果に関わるものとしての経験のことであり、けっして実際の現実のなかの経験のことではない。

ミレールは、無意識の主体を説明することができる主体の理論を構築するための素材をラカンのなかに見いだすことができた。こうして彼は、分析経験のなかで生じる真理の効果の概念化を可能にする構造論的枠組みを確立した。分析のなかでは、結果が原因に比例するような古典的な因果性は決して問題とならない。ほんの些細な原因が途方もない結果を生み出すこともしばしばである。分析における因果性は非線型的なものであり、それは構造論的なものである。その因果性においては、世界に対する私たちの関係を再配列するような移動が起こる。ほとんど知覚できないようなきっかけから生み出された真理の効果が、実際に主体の人生を大混乱に陥れることもある。そうした結果は、それを引きおこした因果の連鎖を辿ることもできなかったとしても、たしかに現れることがある。最初の原因は、ほとんど無である。ときにはそれは、分析家が発するひとつの語であったりする。

主体の理論

「$\cancel{S}$」と記されるあの有名なラカン的「主体」に手をつけることにしよう。ミレールは若いころの論文のなかで、斜線をひかれた主体、分割された主体、分裂した主体として定義されるこの無意識の主体がバートランド・ラッセルの業績をもとに考えられるべきであることを明らかにした。ラッセルは、二〇世紀の最初期に階型理論（集合論と言ってもよい）のパラドクスを発見した人物である。階型理論は数学の論理的基礎付けの研究において鍵となる役割を担っていたため、このパラドックスは厄介なものであった。それは「自分自身を含まない集合」に関するパラドックスである。そもそも、この「自分自身を含まない集合」には何も問題がないように見える。例えば、すべての人間の集合は、その集合それ自体を含まない。つまり、その集合にはイタリア人、ドイツ人、中国人、男性、女性、等しか含まれていないのである。そこにはすべての人間の集合そのものであるような特殊な人間はいない。しかし、自分自身を含む集合を考えることもできる。例えば、ある図書館で利用可能なすべての本のタイトルを集めた図書目録という一冊の本があるとしよう。すると、その図書目録それ自体も、その図書館にある本の集合に含まれることになる。さて、ここで最初の種類の集合（自分自身を含まない集合）をすべて集めてみることにしよう。

「自分自身を含まない集合すべての集合」が自分自身を含むかどうかを考えてみる。どのように答えても罠にはまってしまうことがすぐさま分かるであろう。もし、その集合が自分自身を含むと答えるとすると（この集合に属するための条件は、自分自身を含まないことであるのだから）その集合が自分自身を含まないことを認めなければならなくなる。あるいは、もしその集合が自分自身を含まないと答えるとすると、その集合は自分自身を含むと結論づけなければならなくなる（なぜなら、この集合はこういった集合のひとつであるための条件――自分自身を含まないという、どう考えても奇妙な条件――を満たしているからである）。

どうして私たちはこんな奇妙な論理学的な頭の体操をやってみなければならないのだろうか？　それは、無意識の主体、「S」、「斜線を引かれた主体」が、「自分自身を含まない集合すべての集合」と同じくらい本質的に奇妙でパラドクシカルなものだということをミレールとともに理解するためである。ラッセルのパラドックスを多少言い換えて、主体、すなわちフロイト的な無意識の主体は、自分自身を含まない言表のカタログのようなものだ、ということができる。例えば、夢の主体は、夢のカタログでは、夢をみる人をどこか**ひとつ**の場所に特定することはできない。夢のカタログのなかでは、主体は**すべて**の場所を占めている。

そしてその結果、主体は夢のなかではすべての場所にたいして過剰である。言い換えれば、主体は自分の語りのなかで自らが占めている場所の集合には還元できない。つまり、主体の言表行為が、自らの言表にたいして過剰なのである。主体は自分自身を含まない。例えば、有名なフロイトのイルマの注射の夢がある。この夢のなかのフロイトは、夢の主体として、同時に友人フリースやイルマ等といった彼が同一化する人物すべてである。しかし、彼はおなじく言表行為の主体、自分の夢を語る主体でもある。夢の語りのなかで屈折したかたちで提示される主体は、それゆえ自分が夢見たものを語る主体と同じではない。

空集合や「存在欠如」としてのSというエクリチュールに含まれているのは、このパラドックスである。ここに構造論的因果性を見出すことができる。主体は構造に内包され、かつ同時に構造から除外される要素であり、シニフィアンの戯れを可能にする「空白のマス目」である。この主体は、シニフィアンが相互に結び付き、それぞれが置き換えられ、複雑な組み合わせの関係をずらし、揺り動かすことを可能にする。この主体は構造の内部に戯れをもたらす。このように、主体は「内的な除外 exclusion interne」の状態にあり、主体には内部も外部もないのである。

そのため、私たちはミレールとともに、主体を代理表象するシニフィアンは、それと同時に主体を取り逃がし、主体をそれ自体として含まない、と結論づけることができる。ラカン的な主体は、存在欠如なのである。これこそが、フロイトが無意識のなかに照らし出した、あの欲望の主体である。主体は、私たちが言語のなかに埋め込まれていることの結果として理解されるべきである。私たちは、主体を、生物学的個人や理解する主体から区別しなければならない。主体は認識の次元のものではないのである。主体は言語の効果ではあるが、言語は鏡のような方法で主体を反射することはできず、いわば、主体を含むことができない。同じ考えから、主体は自分自身に属するものではないと言うこともできよう。つまり、主体は外 - 在 ek-siste する（自分自身の外部に位置する）。主体は言語の外部にとどまり、分割され、疎外を被っている。実際、言語は、互いに結合しあう、あるいは置換可能なひと揃いのシニフィアンによって機能し、意味作用の効果をうみだす。ついでに言えば、このことは有名なラカンの主体の定義に新たな光をあたえてくれる。横滑り glissement や圧縮 condensation であろうと、換喩 métonymie や隠喩 métaphore であろうと、ひとつのシニフィアンが他のシニフィアンと組みあわされるときには、意味作用が生産される。主体は、シニフィアンのネットワークの内部において置換や横滑りを可能にする空白のマス目にほかならない。まとめるなら、それゆえラカンは主体を「ひとつのシニフィアンが他のシニフィアンに対して代理表象するもの」として定義しているのである。したがって主体は、存在するわけでもなければ、実体をもつわけでもなく、転位語(シフター)の機能においてそこにあるものにすぎない。主体は、代数学でいうゼロの位置を占めているものと考えることができる。それは単なる「欠如の場所を占めるもの tenant-lieu d'un manque」の位置であり、私たちはその位置に「空白のマス目」というメタファーを認めることができる。

こうして、ミレールは構造という観念から構築された主体の理論を提示する。言語の構造でないような構造は存在せず、それはたとえノン・ヴァーバルな言語であったとしても同じことである。無意識の構造が存在するのは、無意識が語り、無意識が言語である限りのことである。物事それ自体が構造をもつのは、無言のディスクールによって語る場合、つまり記号言語をもつ場合だけなのである。それゆえ、ミレールが拠り所とする構造は、言語学的特徴をもつことになる。この構造は、構造を構成する要素の変化を可能にする空白、つまり構造を操作的なものにする真の空白のマス目によって動かされている。ミレールはラカンにしたがって、主体（非心理学的なものとして理解される主体）の概念を形式化することを提案している。「構造における主体は、心理学的主体が示す属性をまったく保持していない。主体は心理学的主体の定義から逃れさるものである」(30)。

いわば自分自身に欠如した主体、言語の効果によってのみ支えられる主体というこの考えには、おそらく意外な先駆者がいる。それは、デカルトである。このフランスの哲学者は、思考する主体を「考える物」と定義し、それを固定化し実体化することを望んだとみなされている。そうみなされていることは確かだ。しかし、『省察』の第二省察では、思考の主体、つまり「想像力の及ばない、私自身のよく分からないこの部分」は消失する点、現れるやいなや消える点、消滅によってしか機能しない点として提示されている。「われ思う故にわれあり」は、それが述べられるときにのみ、つまり「私がそれを言っている際にしか」正しくないのである。精神分析の主体も、次の点においてデカルト的な思考の主体と同じ特殊性をもっている。つまり、実体ではなく、外-在 ek-sister し、かつ執拗に自己主張 in-sister し、シニフィアン連鎖のなかで自分自身が反復されるという点である。この主体がひとつの欲望によって動かされるものとして提示されるとき、ひとは自分がまったく同じことを言いつづけていることに気づくことだろう。

ラカンの論理学的教義？

多くの者にとって、ミレールが一九六四年に行ったラカンの業績にたいする解釈は、ラカンの本質的にバロックな思考に、体系化された外貌を与えるものであった。ラカンが工夫を凝らしてフロイトを読解して真理を引き出そうとしたところに、ミレールができあいの知を提供しているような印象を与えていたのである。それは、教科書版のラカンとみなされたわけだ。このことは、少なくともラカンの構造主義的読解を提示する若きミレールに対して非難がなされる理由にもなった。〔ミレールの整理によって〕ラカンの概念が「分類され、無菌化され、名札をつけられ、整理され、その多義性を失わされ」その輝きや力を失ってしまった、というわけである。他方、師であるラカンの側としては、それまで四方八方に散らばっていた自らの思考の断片から一貫した体系を出現させるこの若者をみて驚いていた。

『エクリ』は、フランソワ・ヴァールの根気強さのおかげで一九六六年にやっと出版された。ミレールは、ラカンに対して、ラカンの思考には内的な一貫性があることをはっき

(30) *Un début dans la vie, op. cit.*, p. 68.

りと伝えた。それは、ラカン自身が体系的に明確化していなかった一貫性である。ルソーやキルケゴールのような仕方で思考する者は、例えばヘーゲルのようなドイツ的意味でのい体系を構築することを目指そうとはしない。ラカンの弟子の多くが、ミレールによる読解をラカン的な教理問答にすぎないと考え、その読解にいらだちを感じたであろうことは想像に難くない。

〔ミレールの読解は〕理論的テロリズム、行き過ぎた論理実証主義、合理的なものへの常軌を逸した執着、などと評された。それは単に、構造主義によって支配されていた時代の風潮だったのかもしれない。それでもラカンは、ミレールの読解が自分のためになると考え、一貫してミレールの味方をした。ミレールの「理論主義」は、ラカンについての理解が馴染みの小さなサークルを越え、ずっと遠くの場所にまで広がることを可能にした。ラカンの思考のための通路ができ、彼の教えは「明晰判明」な方法で伝達されるようになった。こうして、読解不能なラカンを読むことができるようになったのである!

しかしながら、ラカンの思考を教義化しているとしてミレールを非難した人々は、〔その後の〕ミレールが六〇年代の若く熱狂的な哲学者のままでいたわけではないことを忘れている。ラカンの思考の一部分を「論理学化」しようとしたのは、構造主義の「哲学者」

としてのミレールである。彼はその後、哲学的ディスクールは行き詰まりでしかないと宣言し、精神分析へと転向することになる。哲学と精神分析はお互いに異質なディスクールである。それゆえ、哲学者でありながら精神分析家であることはできない。ミレールは、ひとたび精神分析的ディスクールの側に移ると、ラカンには一切の教義が存在しないと語るようになる。「ラカンの理論は存在しない Il n'y a pas de théorie de Lacan」[31]というのである。ラカンの一連の講義は体系をなすわけではなく、シリーズ série をなすのである。「ラカンの読解、それは体系を連続に置き換え、固定したものを疎通させること、得られた知識を確かめるのではなく、その代わりに前に進むことである。ラカンの読解、それは理論に対する経験の優位である」[32]。これが構造主義的思考とは反対に向かうものであることは明らかである。重要なので強調しておくが、ミレールにとって、ラカン的ドグマは一切存在しない。「無意識は言語のように構造化されている」というテーゼさえもドクマではないのである。

構造主義を捨てることは、構造の重要性を忘れ去ることではない。構造は、人々が観察

（31）« La formation de l'analyste », *Revue de la Cause freudienne*, n°52, 2002, p. 6.

（32）*Ibid.*

してはいるが理解されてはいない効果を説明するための方法である。構造は、決して理解されることのない分析的解釈が問題となるときに決定的な役割を果たす。実際には、解釈が諸々の効果を引き起こしたということを確認することしかできないのである。したがって構造は、何がある結果を引き起こしたのかを理解することはできない、ということを理解させてくれるものである。これは結果が原因を、より合理的な原因をもっていないという意味ではない。構造は、「原因と理解できない結果の関係を因果性として位置づける。あたかも、構造とは理解が合理性の尺度ではないということを示すものであるかのようである」[33]。この言葉から、ミレールがもはや自らを哲学者とみなしていないことが分かる。というのも、哲学とは、合理性を理解と結びつけることが際だって問題となるような場だからである。他方、精神分析は、まさに理解が問題とはならない場であり、意味や意味作用に寄り添うことから離れることができなければならない場である。こうして、ミレールはラカンの思考に対して、以前とはまったく異なるやりかたで接近する。それでも、彼は若いころの理論的構築、主体の理論を捨てたわけではない。それ以来、彼は主体の理論を精神分析臨床に近づけさせるためにその理論を補完しなければならなくなったのである。

精神分析の方へ

こうして、ミレールは哲学から——そして構造主義的・論理学的な傾向から——出発して、精神分析へと移行する（それでも、彼が最終的に精神分析家になるのはようやく八〇年代初頭のことである）。彼は、ラカンの教えをあいかわらずしるしづけていた構造主義を批判するようになる。人間の条件が示す問題を解決するために数学を参照することは、もはや通用しない。悲劇的なものを数学的なものや論理学的なもので置き換えることはできないし、「パテーム pathéme——つまり人々が苦しむもの、人の心をうごかすもの——をマテーム mathéme[34] に従属するものとして」提示することはできない[35]。ここには、座標軸の大きな変更がある。ミレールは変更を余儀なくされたのだと言うだろう。それは、精神分析を読解する哲学者の立場から、精神分析家の立場への移行である。これは、もはや引き返すことができない移行となるだろう。この移行を可能にしたのは主体の問いであり、

（33）*Ibid.*

（34）訳注：パテームは、『R.S.I.』のセミネール一九七五年三月一一日の講義などに登場する用語。マテームはレヴィ・ストロースの神話素 mytheme からヒントを得た言葉で、数学素と訳せる。

（35）« L'ex-sistence », *Revue de la Cause freudienne*, n°50, 2002, p. 5.

「哲学者」ミレールがその問いに理論を与えたことが知られている。他方、彼が精神分析のなかに見出すことになるのは、欲動と享楽である。もはや単にシニフィアンの論理だけが問われているのではなく、享楽の現実的なものとの対決が問われているのである。「哲学においては何世紀にもわたってただ一つの命令しかないとされており、それは真理を手に入れるためには享楽を犠牲にするほかない[36]」ということである。精神分析にとって一貫してある唯一の実体は享楽であり、ミレールはもはやいかなる真理のためであっても享楽を犠牲にしないことを決意する。

哲学は、その内的構造においても、その使命においても、想像界へと差し向けられてしまう。哲学は理解することを求め、世界観を与えることに努める。他方、精神分析にとって、単に世界は存在しないのであり、重要なのは理解するということではまったくない。重要なのは、他に何よりもまして、聞くことである。精神分析は他の何よりもそれぞれの症例の特異性 singularité とうまくやっていかなければならないのであるが、反対に哲学は普遍的なものを目指す。精神分析に一貫した理論的コーパスが確かにあるとしても、優先されるのは常に臨床である。だからこの理論的コーパスは、象徴システムの再編成にしたがって文明が登場させる新しい臨床例に適合しながら、決定的に開かれたままのものでありつづけるのである。こうして七〇年代のミレールは、精神分析臨床のなかで、そして精神分析臨床のための仕事を行っていくのである。

(36) « Le vrai, le faux et le reste », article cité, p. 7.

第二章　精神分析臨床

さて、ミレールはまずは哲学者であった。彼は、精神分析の偉大な読解者であり、ラカンの概念の解明法を提示する卓越した主体の理論家であると認められる哲学者である。それでも、自らをひとつの〈学派〉École[(1)] の指導者として堂々と主張し、かつ指導者として

(1) ラカンの後援の下にあったパリ・フロイト派 École freudienne de Paris を引き継ぐフロイトの大義派 École de la Cause freudienne のこと。この引き継ぎには騒動が避けられなかった。ラカンの弟子のなかでもミレールに追従しなかった者も多く、彼らは新しい学派を設立したり、他の学派に参加したりした。ラカンがその生涯の終わりに引き起こしたパリ・フロイト派の解散という問題は、今日でも論争を引き起こし、さらには精神分析の歴史における「分裂 scission」と呼ばれるものを構成している（その影響はいまだに感じられる）。

認められるためには、彼には根本的な条件が欠けていた。それは、精神分析を実際に実践することである。ミレールが精神分析家になり、「自分だけに拠って立つ」[2]ようになったのはジャック・ラカンの死後のすぐ後のことである。シャルル・メルマンと行われたミレールの分析は、かなり悪い状態で終結し、二人は敵となりライヴァルとなった。ミレールは、自分が分析家としてメルマンを選んだのは、真理に夢中であったミレール自身が、メルマンなら自分の流儀でうまくやっていけると感じていたからだと語っている。ミレールが言うには、それこそが自分の分析をやり通すために必要だったのだ。ミレールはまれに見る勢いで怒りに身を任せることで有名で、どこでも、何が何でも真理をぶちまけようとするので、「すべてを語ること tout-dire」への関係においてより柔軟であると思える分析家を欲したのである。メルマンの側は、ミレールのファンタスムは定冠詞つきの〈精神分析家〉le Psychanalyste になること、精神分析家というタイプの化身となることであったと説明した。二人のあいだの衝突は、師ラカンのセミネールの編集と出版の問題をめぐって激化し、二人は定期的に裁判所で対峙することになった。メルマンは、ミレールがスイユ社にセミネールの原稿を出し渋っている、さらには師ラカンの言葉の一部分を隠し持っていると非難する。かたやミレールは、ジャック・ラカンの遺言の執行者として、他人には譲渡不可能な正統性があると反論している。[3]

こうして、八〇年代初頭にミレールは精神分析家となり、そして新しいフロイトの大義派の指導者となった。彼による教育は、ラカンが望んだ機関であるパリ第八大学精神分析学部の庇護の下、ラカン的オリエンテーションの講義という形式のもとで継続された。これは明らかな分岐点であった。それ以来、臨床家としても認められる人物となったミレールは、精神分析実践の問題を違った角度から扱い、実践の中から新たな概念を作り出すことができるようになった。というのも、いまやミレールはたしかに精神分析臨床を進化させるために貢献する人たちのなかの一人なのだから。精神分析臨床は精神医学的なものではなく、治療と混同されるような純粋な技術のノウハウを集積するものでもないことをミ

（2）ラカンの「精神分析家は自分自身だけに拠って立つ le psychanalyste ne s'autorise que de lui-même」という有名な表現は様々に誤読されてきた。この表現は単に、精神分析家の養成 formations を承認するどのような資格試験も存在しない、という意味で理解されるべきである。それは、精神分析の経験それ自体の内部において、分析主体の立場から分析家の立場への移行が確かになされたかどうかが確証されるからである。この確証には、独特な手続き、つまりラカンが発明した「パス」という手続きが要請される。

（3）ミレールは、今日に至るまで彼に対して起こされた訴訟すべてに勝利していることに言及しておく。« Tribunal de grande instance de Paris », *Revue de la Cause freudienne*, n°66, 2007. を参照せよ。

レールは強調する。精神分析臨床は、それぞれの症例の特異性とうまくやっていかなければならない。ミレールはかつての師であったカンギレムの歩みを踏襲し、精神分析のために普遍的なもの l'universel、個別的なもの le particulier、特異なもの le singulier を結び合わせる弁証法を作り上げたのである。

分析経験

まず、ミレールは「治療 cure」という用語を「経験 expérience」という用語に置き換える。「治療」という用語は、フロイトが「分析治療」においてとりあげた用語である。しかし、「治療」という語では、単に手当をすることだけが問題であると考えることになってしまう。私たちの西洋社会では、あるいはラカンが言ったように「西洋化した」社会では、人々は常に「治療中」であると言えるのではないだろうか? 例えば減量治療、デトックス治療などがそうである。そこには、私たちの社会が享楽とのあいだに維持している大きな親和性が示されている。つまり、有名な「束縛なしに享楽すること jouir sans entrave」(4) であり、その目的のために精神分析が求められることもある。しかしミレールは、フロイトとラカンに続いて次のように主張しつづける――精神分析にとって、何らかのケアと混同されたり、あるいは苦しんでいる主体に「メンタルヘルス（精神の健康）santé mentale」を取り戻させたりすることは問題外である、と。

すでにフロイトは、分析家に対して、自分の患者の治癒を唯一の欲望として持たないように薦めていた。彼は、「治すことへの情熱 furor sanandi」、治療への情熱を絶対に用心しなければならないものとして語っていたのではなかったか？　それゆえ、ミレールにとっては、〔「分析治療」よりも〕「分析経験 expérience analytique」という用語がより一層ふさわしく思えるものとなる。当然のことながら、この用語は「内的体験 expérience interieure」を思い起こさせはしないだろうか？　それとはまったく関係なかったとしても〔精神分析の実践が問題となるとき、ジョルジュ・バタイユは私たちからかけ離れた存在である〕、この用語は少なくともある種のアヴァンチュールを思い起こさせる。ミレールが言うように、世界のグローバリゼーションと画一化によって、どこにおいても、出不精になった現代人にとって、分析経験は可能な最後のアヴァンチュールのひとつですらあるのかもしれない。

（4）訳注：六八年五月の標語のひとつ。

それゆえ、分析は治療を目的とはしない。ラカンは「治癒は副産物としてやってくる」[5]と述べることでそのことを指摘していた。これはシニシズムではなく、まったくその反対である。治癒を目指さないのは、そもそも「メンタルヘルス（精神の健康）」など存在しないからである。精神現象が問題となるとき、何が健康なのかを定義する「基準」など存在しないのである。精神分析は主体を何かしらの基準に当てはめようとすることはなく、反対に主体のなかにあるもっとも特異的なものを目指す。精神分析経験の最終段階において、主体は自らの特異性にすっかり立ち戻されるため、一時的に宙に浮くような、不気味な感覚、自分自身を失うような感覚を抱くようになってしまうことすらある。精神分析はそこまで追求されるのだ。精神分析がつねに破壊的であるのは、それが主体の定冠詞つきの規範を、他の誰の規範とも似ていない、彼固有の規範とすることを目指すからである。いかなる道徳もあり得ず、万人に通用するようなものは何もなく、目的とされうる至上の〈善〉Bien suprême などないのであって、むしろ、後に見るように、非常に個別的な倫理があるだけなのだ。

しかし、それよりもさらに重要なことがある。経験という用語は、この場合は主体的経験という意味で使われているのだが、それは分析がもつ「過程としての」側面を強調するものなのである。この側面は、「治療」という、より中立な用語を使って表すことはできない——「治療」は、主体の側の〔治療を「受ける」という意味で〕受動的な何ごとかを含意するからである。主体が、自分の真理だと信じていたものの形態から、別の形態へと移行するのは、分析においてであり、過程のなかにおいてである。少なくともこうした考えは分析経験を理解するひとつの方法であり、ラカンはそのことを初期の教えのなかで概念化していた。それは、弁証法的過程に入り、主体が固有の歴史を引き受け、「主体の歴史のなかの検閲された章を主体が再び取り戻すこと」[6]に到達することであった。それゆえ、分析経験は——ヘーゲルにおける〈精神〉の実現のモデルにもとづいて——主体の意識化の継起として考えることができ、その中で主体は自己を現実化すると考えられたのである。

「分析経験 expérience analytique」という言い方には、科学のディスクールにふさわしいものであろうとするニュアンスがある。実際、そこにはひとつの装置がある。それは、何かが、合理的で論理的な何かがそこに構築されることを示唆する装置である。いずれにせよそれは、〔分析が〕ひとつの終結、あるいはひとつの結果にたどり着くという事実を

（5）訳注：*Ecrits*, Editions du Seuil, 1966, p. 324.
（6）訳注：*Ecrits*, p. 259.

強調している。フロイトにとって分析は「終わりなきもの」[7]であり、「際限のない」ものであったが、ミレールが精神分析にあたえるオリエンテーションにおいては〔分析は〕ひとつの終結へと到達することができるものである。私たちは、主に「パス」の問題に手をつけるときに、分析経験という用語を概念化する様々な方法に立ち戻るだろう。パスは、「袋小路 impasse」の対義語にほかならないが、この袋小路こそが非常に多くの場合に主体を分析という装置へと導き入れるのである。

精神分析、心理学と精神医学

心理学と精神医学と精神分析はどこが違うのか、と問われることがよくある。それについては、たしかに皆一応の考えをもっているが、どこか曖昧なものであることが常である。例えば、精神分析には、寝椅子のイメージとフロイトの名前がある。精神科医には処方箋と向精神薬の処方がある。心理学者には、会話のやりとりだけを問題とする対面治療がある。では、これら三つの用語を区別するために、それぞれの養成方法 formation の違いに注意してみよう。精神科医は専門資格をもった医師である。心理学者は大学から「臨床心理士 psychologue clinicien」という資格を得ている。しかし、精神分析家となると、問題が生じる。精神分析家が特別の資格を必要としないだけでなく、精神分析家が精神科医や臨床心理士を兼ねていたり、ときにはその両方であったりすることがあるからだ。あるいは精神科医でも臨床心理士でもなく、昔はエンジニアをしていた精神分析家や、経営学国家博士号をもつ精神分析家、ソーシャルワーカーでもある精神分析家などがいるのである。精神科医、臨床心理士、精神分析家というこの三つの「専門分野」は、見かけ上はすべて「こころのケア」を行うようにみえる。しかし、この三つを決定的に区別し、迷わないですむための良い方法がある。それは、この臨床としての違いを注意深く区別することである。ジャック＝アラン・ミレールが行おうとしているのはまさにそのことである。

心理学、精神医学、精神分析は、異質な要素ないし部分から構成された集合に関わらなければならないという意味で、多様性を扱わなければならない。すべての人間科学が興味を示す疾病分類学、つまり病の分類は、実際には分類を創りださなくてはならない。それぞれの分類に共通する属性があるかもしれないが、それでも根本的に異なる諸々の患者＝

（7）Freud, « Analyse avec fin et l'analyse sans fin », dans *Résultats, idées, problèmes*, Tome II, Paris, PUF, 1998.〔＝フロイト「終わりのある分析とない分析」『フロイト全集』道籏泰三ほか訳、第二一巻、岩波書店、二〇一一年〕を参照せよ。

主体 sujet は、その分類のなかに整理することができるのである。

心理学は「行動における人間」を対象とし、そこから普遍的法則を導こうとしている。近年にいたって、心理学は主として神経科学から出発して探求を行うようになった。かくして、ＰＥＴやＣＴスキャンを用いて、患者がある特定の作業を行う際に脳内のどの部分に酸素が流入してくるかが探られる。その結果から、その作業に必要とされる認知には脳のこの部分が関係していることが結論づけられる。このようにして、思考が酸素の流入によって物質化されるのである。要するに、これはガルの骨相学への回帰であり、思考を脳の中にあると考えることである。心理学の対象は、この場合「質なき人間 homme sans qualités」である。その対象は、ある人口集団のなかに場所をしめる、プロトコルを実現するための標本であり、そこではいかなる個人の特殊性も問題とならない。つまり心理学は、科学モデルの上に自らを構築するために、現象としての人間を研究の対象として扱っているのである。心理学が考える人間は、観察可能な、客観化可能な人間である。ミレールはここ数年、こうした――ミレールによれば――科学的パラダイムの上に基礎づけられた認知行動療法との戦いを続けている。

精神分析の主体は、そういうものとはまったく異なっている。精神分析の主体は個人や人間そのものではないし、ましてやその行動でもない。精神分析は、ミレールが飽くことなく繰り返すように、特異的なもの le singulier を扱う。それゆえ、精神分析は規範とは無縁である。カンギレムが強く主張したように、個人にとっての規範となるような「メンタルヘルス〔=精神の健康〕」は存在しない。ミレールは、メンタルヘルスや、それに導くとされる治療法の対極に位置するものとして「性愛的なもの l'erotique」を強調する。「この性愛的なものはメンタルヘルスに異議を唱える。性愛的なもの、それは言い換えればそれぞれの個人にとって特異的な欲望装置 appareil du désir である」[8]。実際、欲望はあらゆる規範と対立するのであって、それ自体「規範の外にある extra-normatif」[9]ものである。精神分析が、自らの特異性において自分の欲望を明確にすることを主体に可能にする経験であるなら、この経験はあらゆる治療目標を拒絶しながら展開していく他はない。「治療、心的なものの治療とは、欲望を標準化して主体を共通の理想へと皆と同じように従わせるという、本質的に無意味な企てである」[10]。語る存在、そして語られる存在にとって、欲望

(8) « Choses de finesse en psychanalyse », leçon du 3 décembre 2008, inédit.
(9) « Choses de finesse en psychanalyse », leçon du 19 novembre 2008, inédit.
(10) *Ibid.*

は本質的に「皆と同じではないもの」「例外的な」もの、あるいは「根本的な逸脱(11)」であるものを含んでいる。

こうして、精神分析にとって普遍的なものが初めから放棄されているのはどうしてなのかが理解できる。それは、人は「他者が望んでいること」、特に私たちの家族が望んでいることほどには、「自分が望むこと」について自発的に語らないからである。無意識が「大他者〔＝大文字の他者〕のディスクール discours de l’Autre」〔母親、あるいは家族的布置のなかにある人物のディスクール〕であるなら、このディスクールは主体を袋小路へと導くことになる。人は自分に関する〔他者の〕ディスクール、ときにはおのれの誕生以前からすでに存在したディスクールを携えて分析にやってきて、それに不平を言うのである。人は自分が望むものを知らず、自分が真に欲望しているものを知らない。ゆえに、分析に賭けられているのは、私たちに固有の欲望を取り戻すことができるかどうかである。

各人の欲望の**特異性**は、それを普遍的なものへと吸収してしまおうとする試みや科学的に分類しようとする思惑に逆らう。しかし、精神分析はそれでもなお、ひとつの理論であり、普遍性へと向かうひとつの理論的コーパスである。しかも、精神分析はそれぞれの症例の特異性を説明するとみなされる**メタサイコロジー**を提唱する。したがってここにはある種のパラドックスがあることになる。しかし、このパラドックスそれ自体が精神分析の臨床にとって問題だというわけではない。常に最も極端な特異性のうちにある主体を、それぞれの症例ごとに扱うとしても、特異的な実存に満ちたこの多様性のなかには、構造化を可能にする共通の普遍的なものが存在する。欲望は、誰もが逃れられない法をもっている。疾患分類学によるすべての命名が含むみせかけ semblant の次元を注意して眺めれば、欲望の法に依拠することには袋小路は存在しない。「主体が固有に、きわめて特異的に持っているもの、そして主体をいかなる分類に対しても属さないようにしているものは、もしそれが分類にとって異質なものでしかないとすれば、それこそが主体の現実的な欲望であり、言い換えれば主体の固有の享楽するモード〔=享楽の様式〕なのである」[12]ということをしっかりと理解する必要がある。

「繊細なもの」、あるいは実存の特異的なもの

患者を迎え入れ、彼らの話を聞くときに最初にわかることがある。それは、それぞれの

(11) *Ibid.*
(12) *Ibid.*

主体が、自らの語り口においていかに特異的であるかということである。それは平凡な事実ではあるが、つねに驚かされる事実でもある。身体に関しては遺伝子――私たちに固有のDNAの二重らせん、すなわち私たちの同一性の科学的マーカー――があり、精神に関しては、私たちにまったく固有のもの、つまり私たちの言語がある。少なくとも自分を表現するときのまったく特異的な方法があると言ってもいいかもしれない。私たちは自らに固有の言語を発明したわけではないのだから、言語は大他者によって伝えられたものである。しかし、私たちは自分自身を特異的なものにするひとつの「語られた言葉」を常にもっている。私たちのコミュニケーションが成立するとしても、精神分析にとってコミュニケーションは常に誤解を基盤としている。それぞれの人は自らの固有の言語を話す（それをラカンは「ララング lalangue」と呼んだ）のであるが、それにもかかわらず、コミュニケーションは、理想的には、普遍的に成立する。

しかし、ある分類における普遍的なもの（たとえば、普遍的なものとして取り出された疾患概念）――それは書かれ、想像されうるものである――を、症例における還元不能な特異的なものと連接しようとするとき、いったい何が起こるのか。それぞれの臨床例における特異的なものが問題となるときに、いかにして普遍性を、この不可能な普遍性を見いだすることができるのか？　症例をケースバイケースで扱うにもかかわらず、普遍的なものを含む理論を参照する、というパラドックスは臨床的作業の障害ではない――そのようにシンプルに理解することにしよう。実際、こうした理解は、臨床家を独断のまどろみに陥らないようにしてくれる。精神分析家は「無知の情熱 passion de l'ignorance」を維持することができなければならず、新しい患者が来るごとに、以前に獲得した知識の蓄積のすべてを忘れなければならないのである。ラカンはつねづね、ソクラテスの姿が分析家の姿をよくあらわしていると言っていた。常に特異的なケースを扱う精神分析家は、ケースを前にして、「自分はただひとつのことしか知らない、それは、自分は何も知らないということだ」という態度を引き受けなければならないのだ。概念や理論、症例の構成は後からやって来るものであり、それらは常に生きた実践の外部にある。実践においては、固有のケースの構成〔＝構築〕construction という作業は分析主体の側に任されてすらいる。ある意味では、普遍的なものを目指さなければならないのは分析主体の方なのである。辛抱強く蓄積されたおのれの諸々の真理をいかにしてひとつの知にするのかを探るのは、分析経験に参加する主体の役目である。主体が自らの特異性から普遍的なものを抽出したと考えるならば、彼は場合によってはこの知を伝達することができる。このような伝達は、症例のなかで分析理論を補完することを可能にする。もちろん、それが強制されるわけではない。だが、このすこし特殊な伝達が成立するならば、そして主体がそれを欲するならば、そのときには特別な手続きがある。パスの手続きである。パスはラカンが発明したものである。すべての精神分析家がパスに賛成しているわけではないにしても、パスを考慮に入れる学派は必然的に「ラカン派」であると言える。

特異的な症例と、理論そのものに属する普遍性との連接という私たちの問いに対して、ミレールはまず「臨床」とは何であるかを明らかにすることを通じて返答する。実際、臨床とは何であろうか？「古典的には、臨床とは患者のベッドの上で起こることです――語源がそのように言っています。本質的には、臨床とはすでに目録に分類されている徴候や形跡をもとに現象をクラス分けする手法です。ですから臨床とは、秩序立て、分類、客観化を行なうことなのです。臨床とは、根源的には植物標本のようなものであり、分類学であって、分類を当てはめることによって多様性を客観化する方法なのです(13)」。

このことから次のことが直ちに理解される。精神分析は、特異的なものに対してケースバイケース〔＝症例ごと〕の関係をもつのであるから、単なる臨床から出発して実践されているのではない、ということである。単なる臨床から出発するのは、むしろ精神医学の手法である。精神医学では、よい治療を行うためには、診断を下さなければならないという原則がある。このことが暗に示しているのは、特異的なものはその定義からして、特異性を包括しようとする分類から逃れるものであるがゆえに、厳密に言えば、精神分析的臨床は存在しないであろうということである。というのも、診断学的分類を行うためには、すくなくとも同一の症例が二つ必要だからである。多様なものと関係を結び、それぞれの主体における特異的なものを個別に構成しようと望む精神分析は、はるかに困難な道を切り開かなければならない。よって私たちは「精神分析においては臨床などない」と言うことができるだろう。しかし事態はそれほど単純なものではなく、精神分析家たちは彼らに固有のある種の臨床と折り合いをつけている。それは特異的なものの臨床であり、しかし何よりも「転移の下での」臨床である。

精神分析は特異的なものの「科学」か？

再度強調しておくと、精神分析にとっては、各個人の特異性だけが重要である（そして、

（13） « Choses de finesse en psychanalyse », leçon du 10 décembre 2008, inédit.

この点がまさに精神分析をあらゆる心理学から区別する点である)。精神分析は「ひとつきりの〈一者〉Un-tout-seul」[14]にとってだけ価値をもつものに関わる。特異的なものは臨床の外部、分類の外部にあるのである。

ミレールが言うには、特異性とは「ひとつの論理学的カテゴリーであるが、しかし論理学の限界にあるカテゴリーでもある」[15]。実際、私たちは特異的なものについて「それを指し示す以上のことや、それを指差すことを超えて」、語ることができるだろうか?「それについて語るということそれ自体が可能なのだろうか? というのも、特異的なものはそれ自体、他の何にも似ていないからである。つまり、特異的なものは人々に共通するものの外部に位置するのである。そして特異的なものに対して、言語は人々に共通するものしか言うことができない」[16]。それゆえ、特異的なものをある分類へと帰属させることには問題が伴う。診断について問われるとき、この問題は臨床にとりつき、臨床を悩ませるばかりである。この患者は精神病なのか、神経症なのか? 強迫の主体なのかヒステリー者なのか? という問題である。というのも、精神分析が取り扱う特異的なものという視点に立てば、「それぞれが他の誰にも似ておらず、それぞれがお互いに比較不可能」[17]だからである。だとすれば分析は、それぞれにおける特異的なものの出現を受け入れる実践となる。

つまり、分析は特異的なものへと方向づけられた経験そのものなのである。すると、分析において診断は、除外されることはないとはいえ、目標とされるものではないことになる。

それぞれの人々において特異的であるものとは、各人が「享楽するモード mode de jouir」である。「それゆえ、分析家の欲望とは、みなさんの存在をなしているもののうちで最も特異的なものを得ようとする欲望である。これはみなさんを何かに適応させようとする欲望ではまったくない。そういったことはむしろ心理学の目標である。分析家の欲望は、みなさんを良くしようとしたり、治そうとしたりすることでもないのだ」[18]。「分析のもくろみは、最終的に分析主体が、自分をかくのごとく差異化しているものの輪郭をはっきりさせ、他から切り離し、それを受け入れることができるようになることにある。つまり、分析とは最終的に次のように言って終えられるものなのだ——私はそれ ça だ。それはよいものではないが、他のものとは違っており、私はそれを称賛するわけではないが、それ

(14) « Choses de finesse en psychanalyse », leçon du 3 décembre 2008, inédit.
(15) « Choses de finesse en psychanalyse », leçon du 12 novembre 2008, inédit.
(16) *Ibid.*
(17) *Ibid.*
(18) « Choses de finesse en psychanalyse », leçon du 3 décembre 2008, inédit.

でもそれは私なのだ」[19]。

以前からラカンが精神分析を心理学や精神医学からはっきりと区別していたのは、分析経験がひとつの真理それ自体を明らかにするという考えを彼がもっていたからである。ミレールは次のようにそのことをまとめている。「実を言うと、主体の特異性がかたちをなしていくにしたがって、分析は複数的な真理を表明していく。おそらくは、定冠詞付きの真理は、真理がとる座標に従って、そして真理の歴史の偶発性に従って変化するものだということが明らかになる。しかしそれでも、この複数的な真理を横断して、一つの真理が現れる。現れるもの、それは言うなれば、この真理の場である。というのも、あらゆる症例において、原因は心的なものというよりもむしろ論理学的なもの――論理学をパロールとディスクール、つまりロゴスの効果として理解するならば――であり、論理学が心的なもののところに到来するのである。ラカンは精神分析をこの点に認めていた。つまり、精神分析とは、語る存在かつ語られる存在としての人間存在に内在的な病における言語の効果を認めるものなのである」[20]。

精神医学臨床から精神分析臨床へ

ミレールは、適切にも次のように述べている。「精神分析臨床は、症状の種類によって分類された諸々の事実の収集――あるいは症例の叙述――に終わるものではない。[…]精神分析臨床とはむしろ、精神分析経験そのものを構造化させている主体の構成に従って変化する構築の総体である」[21]。実際、分析経験は構築〔=構成〕という間接的な手段からなる。つまり、分析経験では、症状もファンタスムも構築されるものなのである。しかし、このことは何よりも、精神分析臨床が転移の下での臨床であるということを意味している。もろもろの真理の出現を可能にするために、分析家と分析主体はお互いに現前していなければならず、無意識は単に分析主体の側にあるのでも分析家の側にあるのでもない。無意識は二人のそれぞれの中にあるのでさえない。というのも、主体の無意識というものは存在せず、存在するのは無意識の主体だからである。分析経験を出現させる知はある種の間主体性の成果であり、もしそこから何かが伝達されるとすれば、それは通常、唯一の道で

(19) *Ibid.*
(20) « Choses de finesse en psychanalyse », leçon du 19 novembre 2008, inédit.
(21) « H_2O », *Actes de l'E.C.F.*, n°8, 1985, p. 22.

ある大学のディスクールの道を通ってなされる。ところが、分析の核心を構成するもろもろの出来事――もろもろの真理は、構成された知という形式での伝達にはほとんど適していない。それゆえ、分析経験の際に生じるものを伝達することは困難である。それは、分析経験が主体のもっとも内密なものに効果を及ぼすものだからである。

ラカンにとっては、分析家が、自分が分析主体に与えた解釈がなぜ・どのように効果をもったのかを理解できた場合には、精神分析的な意味での解釈が生じていないということになる。[22]たとえば、分析家と分析主体が出会う部屋に録音機を仕掛けて、分析経験における解釈に関してより多くを学ばせようとすることが無益である理由がここにある。そのような行為は、精神分析の信用を失わせるために行われたことがある。しかし、精神分析の信用を高めるためにこの手段を用いることはできないだろう。分析から引き出すことができる知は、評価することができない。それは概念の網目から抜け落ちるものであり、科学的実験の対象とすることもできない。「経験 expérience」という用語が「治療 cure」という用語を置き換えたことを思い起こそう。この用語は、主体的経験という意味で理解されるべきであり、科学的意味における実験のことではないのである。

よく知られているように、ラカンは知と真理を分離させた。彼は知と真理のアンチノミーをもっとも強調した一人であり、その考えは彼の精神分析の経験から得られたものにもとづいていた。実際、精神分析では、分析家は厳密な意味での知の保管者であるというよりも、知を想定されている者である。治療から知そのものを引き出せるかどうか、つまり「構成された」知を引き出せるかどうかはまったくもって不確かなことである。精神分析の伝達の問題はこのことを問うているのである。

「古典的」（精神医学的）な臨床とは反対に、精神分析臨床は精神疾患を分類するのではなく、ケースバイケースで組み立てる。精神分析臨床は、それぞれの主体のもっとも内密なもの、その主体に固有の享楽するモードを目指すのであり、いかなる分類を用いたとしても症例を満足に説明することはできない。たしかに、フロイトもラカンも、無視することができないものとして構造を参照していた（それは、臨床家はたとえば症例が強迫神経症なのかパラノイア精神病なのかを知らねばならないからである）。しかし、それは単に分析的ディスクールのなかで症例の議論ができるように症例を構築するためでしかない、ということを彼らは明確に述べていた。ミレールにとって、症例を構築することは、症例に論理的座標

（22）訳注：「効果を理解できるような解釈は、精神分析的解釈ではない」。Cf. Jacques Lacan, *Autres écrits*, Editions du Seuil, 2001, p. 211.

軸を与えることを意味する。論理的座標軸とは、症状の形式的外被とファンタスムの論理のことである。症例の構築は、分析的ディスクールの進展に寄与するために、そして、精神分析家の共同体が歴史的区分に応じた臨床の変化を摑むために必要不可欠である。実際、様々な症状は同じ形式をまとっているわけではなく、ある時代の社会政治的な文脈に従った形をとるということが知られている。いまだにヒステリー性神経症は存在するのではあるが（それはある種の主体にとっての取りうる方策として常に存在している）、精神病院に収容された、シャルコーの意味でのヒステリーはほとんど見られなくなっている。症状は時代によって形を変える。そのため、精神分析は永続的な探求をつづけるのであり、また、科学として成立しているディスクールのように閉じられたものにはならないのである。

この観点からすると、存在する唯一の臨床は精神医学臨床だということになる。しかし、ミレールが主張するように、精神医学臨床はもはや五〇年近くにわたって時代に追従しなくなっている。精神医学臨床は過去に属しているのである。「実際、症例を診断するためには新しい分類の境界を定め、新しい疾患単位を発明することが課題となる。だとすれば、精神医学はほぼ半世紀前から新しいものを提出していないことが確認できる」[23]。「私たちの時代の臨床、それは単純に薬物の臨床であり、その傾向は一層強まっている。言い換えるなら、それは患者の症状の手当てを行う際に、まず薬物によって可能になる効果から始める臨床である」[24]。精神分析に関して言えば、精神分析はシニフィアンの臨床と協調していくしかない。精神分析では、主体が語ることが必要であるだけでなく、主体が語るとき、主体は自分が言っているつもりよりも多くを語っていると見なすからである。

それでも、分析臨床の土台が精神医学の遺産にあることは間違いない。フロイトが当時のドイツの臨床のなかに拠り所を見出したということには誰もが同意し、そのことを強調してもいる。しかし、もはや適切な精神医学臨床が存在しないとなれば、ミレールにとって、精神医学臨床を引き継ぐのは精神分析である。ミレールが〈臨床部門〉Sections cliniques を作ったのはこの目的のためである。それは、精神分析臨床のために存在する養成の場のネットワークであり、そこには病院での病者提示 présentations de malades[25] や

(23) « Problèmes cliniques pour la psychanalyse », *Quarto* n°1, 1981, p. 21.

(24) *Ibid.*, p. 22.

(25) 訳注：病者提示とは、例えば院内のカンファレンスなどで、実際に患者を面接することを指すが、病者を提示するということのみならず、病者が提示するという含意をもつものと思われる。ラカン自身による描写提示の実際は、小林芳樹編訳『ラカン 患者との対話——症例ジェラール、エディプスを超えて』（人文書院、二〇一四年）で読むことができる。

「過去の」精神医学臨床の考察のための場所も設けられている。いわば、この場は現行の精神医学や薬物療法を主体とする精神医学の動きに対する真の抵抗の場である。「精神分析は、偉大なる臨床を避難させておくための固有の場所である。というのも、新たな臨床単位が生まれるとすれば、事実が示しているとおり、それは精神医学の場からではなく、分析の場から生まれるからである」[26]。

分析臨床〔でいうところ〕の症状は精神医学臨床の症状とは異なる、という点に注意しておく必要があるだろう。「分析的症状は患者によって語られた症状であり、なによりも語る症状〔＝語るものとしての症状〕symptôme parlant である。分析的症状に与えられた最初の定義は、症状と中断されたメッセージを同じものと見なしている。症状は、宛先や対話の相手を見つけられていないメッセージなのである」[27]。このような臨床に対して、今日の精神医学は反対の立場にある。つまり、今日の精神医学においては誰も語らない。それは「無言の臨床 clinique muette」[28]である。脳ＭＲＩや単なる生体組織診断といった手段によって機械が診断を下し、機械が治療を行うというのが無言の臨床の理想形である。他方、精神分析臨床はシニフィアンの臨床であり、転移の下での臨床である。聴取すること、そして、分析家と分析主体のあいだを結びつける非常に独特な紐帯――こういったものが、分析経験をうまく導くための道具なのである。

精神病の問題

ジャック゠アラン・ミレールは、精神病患者の分析を成功させることが可能であると考える者の一人である。精神病者を分析するということは、決して当たり前のことではない。先ほど既に、ラカンが再考するフロイト的臨床とは、転移の下にある臨床であるということを指摘しておいた。古典的には、精神病の症例については、転移の下での臨床が生じないと考えられてきた。ミレールが精神病者の分析を行うことが可能であると主張したとき、これは全くの革命であった。には転移が可能だということなのだろうか？　あるいはまた別なのだろうか？

精神病者においては、言語の獲得に欠陥がある。父性隠喩、言い換えれば（何らかの本源的なシニフィアンを抑圧することによって）主体を言語へとくくりつけることを可能にす

(26) *Ibid.*, p. 23.
(27) *Ibid.*
(28) *Ibid.*

る機能が、精神病の場合では働いていないのである。このシニフィアンが排除されることによって、シニフィアン連鎖が展開されえなかったのだ。ここには言語への参入の拒絶がある。正確に言えば、スキゾフレニー性の精神病にとっては、象徴界はつねに現実的なものとして知覚されている。つまり、彼らは語を物のように扱い、語をその純粋なみせかけとしての側面において考えることができないのである。これは、精神病が伝統的に精神医学の占有物であったことの理由である。精神病では、主体の閉塞があると考えられがちであり、そのため彼らの言うことを聞くことはもはや必要ではなく、ただ観察するだけでよいとされてきた。それでもミレールにとっては、個人にとっての言語は、いかなる病理的な構造をもっていたにせよ、つねに現前している。つねに言語への最小限のくりつけがあるのだ。

精神病の問題については、分析経験によって〈主体〉を生産することが可能かどうかを知ることがより一層問題となる。精神分析にとっての主体は、ミレールが理解する限りでは、無意識の主体である。それはフロイトが「それがかつてあったところに到来する advenir là où ça était」ように呼びかける主体である。この意味において、まるで「人間のなかの小人」のような、主体の無意識といったものは存在しない。無意識は、単にシニフィアンの効果にほかならない。無意識は言語のように構造化されており、それは無意識が言語の法に従属しているということを意味している。無意識は働くのであり（ラカンはそのことを「疲れを知らない労働者」と言っていた）、隠喩（圧縮）あるいは換喩（置き換え）といった修辞技法によって働く。無意識の主体が本質的に分割 divisé されているというのはこの理由による。私たちは自分自身と完全に一致することができず、言語へと疎外されることによって分割され、自分の身体には還元されず、何にもまして言語によって「寄生」されているのだ。（$\cancel{S}$と記される）無意識の主体は、与えられた（生得の）ものではなく、生産 produire すべきものであることに注意しておこう。それゆえ、精神病に対して精神分析がなしうる治療という問題はすべて、主体の大他者（言語の場、あるいは互いに組み合わさって意味作用を生産するシニフィアンの集合）への関係を症例ごとに考察することに帰着する。この主体はどのように言語へとくくりつけられているのだろうか？　この主体はどのようなディスクールの効果なのか、そしてどのような座標軸に位置づけられるのか？　この患者にとって、無意識の分割された主体を生産する可能性はあるのだろうか？ミレールにとって、この問いについての答えは明確である。「それゆえ私は、精神病は主体に関する事柄であるということを強く主張する――たとえ精神病が私たちをその主体の生産の極限まで導くのだとしても[29]」。

問題は複雑に見える。くわえて、この問題は、多くの経験にもとづいた臨床的ノウハウを要求している。いずれにせよ、精神病の主体との分析を実践することにア・プ・リ・オ・リな禁忌があるというわけではないことに注意しておこう。改めて言っておくが、これは精神分析の世界で支配的な考えではなく、むしろそれとは程遠い。精神分析臨床においては、ミレールが証言するように、精神病者を「狂人 fou」と同一に扱うことはできないということをよく理解しなければならない。人は狂人を気がふれているとか正気を失っていると決めつけがちである。しかし、狂人は自由との固有の関係をもっているのである。

この主題について、私たちは精神病者を主体として復権させたミレールの議論を思い起こすべきであろう。ミレールは、ラカンの「狂人は自由な人間である Le fou est l'homme libre[30]」という発言を取り上げている。この発言は非常に真剣に受け取らなければならない。狂人が自由な人間であるというのは、狂人においては「父性の欺瞞 imposture paternelle[31]」の拒絶があるという意味においてである。この拒絶は、ある特定の「主体的立場」を伴っている。たとえラカンが「自分で狂人になろうとしても狂人にはなれない[32]」と言っていたとしても、狂人はいわばひとつの選択を行ったのである。それゆえ、精神病は何らかの機能障害に起因するものではない。狂気は器質的病因論に従属しているわけではないのである。ラカンに従えば、身体の変調の結果（たとえば神経伝達物質の調節不全、ドーパミンの過剰や不足といったものもこれに含まれる）として狂気を理解する「器質論的 organiciste」潮流に反対することができる。ミレールに従うとすれば、精神病は、（たとえば、父や母の過ちを原因として）あるとき主体に純粋に機械的な方法で課されるような、プログラムされた何かでさえない。狂人は狂気を選択したのであり、妄想は差し迫った何らかの脅威に対するひとつの解決として現れたものである。人間は、あらゆる手段で不安から身を守ろうとするものであり、精神病者が妄想を形成できないとすれば、彼はひどい不安に襲われてしまう（たとえば、身体寸断化の不安。アントナン・アルトーの著作は、この種の不安によって主体が突き落とされる苦悩を十分に示している）。それゆえ、十全な「主体の地位」をもつものとして精神病者を考えなければならないのである。

---

(29) « Produire le sujet ? », *Actes de l'E.C.F.*, n°4, 1983, p. 34.

(30) 訳注：Lacan, J. Petit Discours aux Psychiatres, Conférence au Cercle d'Etudes dirigé par H. Ey, 1969, inédit.

(31) « Sur la leçon des psychoses », *Actes de l'E.C.F.*, n°13, 1987, p. 96.

(32) 訳注：Lacan, J. *Les psychoses*, p. 24.（ジャック・ラカン『精神病』上下、小出浩文ほか訳、岩波書店、一九八七年）

ミレールは一種の批判文の中でそのことを表明しており、説得を行うことに努めている。まず彼は、ラカンの排除 forclusion という考えをもちだす。排除とは、精神病に固有のメカニズムであり、抑圧の失敗である。それはあるシニフィアンの拒絶であり、そのシニフィアンは象徴化へと至らない。この拒絶されたシニフィアンは現実界のなかに回帰するが、そのときには幻覚という形式をとる。これが精神病である。「私たちは構造主義によってあまりにも機械論者になったせいで、あるシニフィアンの排除が原初的かつ無条件的な所与であるという考えを認めるようになったのだろうか。排除が存在の決断であること、言い換えれば主体的位置と相関するものであることをもはや察知することさえなしに？」[33]。それゆえ、狂気には純粋に器質的なものは何もない。その上、主体は精神病に入る際に自分自身の関与が必要である。それゆえ、狂気は不可避なものでは決してない。ここにラカンの「なろうとしても狂人にはなれない」を再発見することができるだろう。

くわえて、明らかな妄想の餌食になることなしに、それでも優れて精神病的であるような主体が存在する。「白い」精神病と呼ばれる、発病していない精神病である。この発病していない「態勢」の下で一生を過ごす主体もいる。ここでは、新しいカテゴリーである「普通精神病」について考察してみよう。

普通精神病

まず、普通精神病は、それが臨床にかなったものであったとしても、精神医学の意味での新たな臨床カテゴリーではない、ということを指摘しておこう。このカテゴリーは疾病分類学に仲間入りし、ミレールの名前と結びつけられつづけるにちがいない（それは、たとえばフロイトが強迫神経症を発明し形式化したのと同じ理由によってである）。では、「普通精神病」の主要な特徴はどのようなものであろうか？[34]

今日、分析家たちは、潜在的な精神病の可能性があるにもかかわらず、妄想や幻覚があるわけでもなく、メランコリー的でもないような主体から発せられる〔分析の〕要求[35]に直面している。それゆえ、このタイプの主体の構造化にみられる無症状的な特徴を示すため

(33) « Sur la leçon des psychoses », *Actes de l'E.C.F.*, n°13, article cité, p. 95.

(34) 私たちはここで「アルカション会談 La conversation d'Arcachon」を典拠としている。より詳細な説明は以下を見よ。Collectif, *La conversation d'Arcachon, cas rares les inclassables de la clinique*, Paris, Agalma, 1997.

(35) 訳注：分析の要求とは、精神分析を受けたいという要求のこと。ただし、精神分析を「受ける」という表現には語弊がある。それは、ラカン派においては、精神分析において作業を行うのは分析家ではなく分析主体だからである。

に、普通精神病という用語が作られたのである。普通精神病は、一九九八年にミレールによって概念としての充分な意義をもつものとして精神分析臨床に導入された。ミレールは、正式の呼び名がなく、「未発病精神病」や「白い精神病」あるいは「冷たい精神病 psychose froide」（あいまいな症候群であり、精神病発見の手がかりとなる強い潜在性をもたない精神病）と呼ばれていたものを形式化したのである。それゆえ、普通精神病は臨床的精神病（発病済みの精神病）とは対立する。普通精神病は、主体がはっきりと精神病構造をとりながらも、妄想を発生させることなしに人生を生きることが可能であるという事実を理解可能にしてくれる。本質的な点は、精神病に固有の主体化の欠損を「補填」することが可能であるということである。この点に賛同しない精神分析家もいる。賛同しない分析家たちは、精神病は自分たちの専門分野のなかにはなく、妄想や不安をなだめるためには薬剤を用いるしかないと考えている。「予備面接 entretiens préliminaires」の際に精神病構造がありうることが分かったなら、その症例は精神科医に紹介しなければならない、というわけである。ラカンとまったく同じように、ミレールは精神病者を前にしてひるんではいけないと考える。つまり、精神病者は分析家によって引き受けられるべきである、と考えるのである。このことは、既に述べたように、精神病者も〈主体〉を生産することができる、ということを含意している。主体を生産すること、それはフロイトの公式を引用するなら、「それがあったところに主体を到来させること」である。この理由から、無意識の主体を出現させるために、分析経験の装置のすべてが必要なのである。その主体は現れるやいなやすぐに消滅するものであるが、失策行為や言い間違い、語られた夢のすべてのなかに見出すことができるような主体である。

それゆえ、厳密に言えば、「普通精神病」は新しい臨床単位を指しているわけではない。この用語は、ミレールにとって「かつては並外れたもの extraordinaire であった精神病は、私たちにとって普通のものである」[36]と説明される。「普通 ordinaire」という言葉は、いくつもの意味で理解されうる。例えば既成の秩序や習慣に合致するもの、ありふれた、平凡なものなどである。精神病は例外的なものに属しているわけではない。つまり、そもそも精神病者は、自らの身体に対して調和した関係を維持していないという点では神経症者とそれほど異なるわけではない。もし私たちがどちらかはっきりとさせなければならないとすれば、むしろ身体への「正常」な関係を持っているのは精神病者の方である。精神病者

(36) *La conversation d'Arcachon, cas rares les inclassables de la clinique*, op. cit.

は、常に身体の「破裂」の脅威にさらされている者であり、彼は自らの身体への敏感で直接的な関係をもっているのである。

ここはこの問題について詳しく述べる場所ではないため、立ち入らないでおこう。しかしながら、普通精神病の臨床は本質的に接続と脱接続の臨床であることを強調することができよう。それゆえ、この臨床は、葛藤の臨床、つまりフロイトの臨床とは対立している。この臨床は「結び目の臨床であって、対立の臨床ではない」(37)。この臨床によって方向付けられた分析は、もはや症状の解釈を目指さず、補填の発明を目指す。あるいは主体によって既に確立されている安定化のモードを支援することを目指す。主として重要なのは、分解をくいとめることである。この臨床は、いわば、境界例の臨床を否定するものである。境界例の臨床は、ミレールにとってはまったくの「ごた混ぜ」だと考えられている。境界例の臨床では、ある人物がパラノイアと神経症をあわせもっていたり、ヒステリーと精神病が交配された全くのモンスターであったりする。それはドゥルーズの意味での離接的総合であり、理論面では非常に巧妙なものではあるが、実効性はない。

分析経験における情動

ジャック＝アラン・ミレールにとって、そしてフロイトとラカンに従えば、情動affects[38]は環境に対する直接無媒介的な応答ではまったくない。これは精神分析で流行しているものとは真逆の考えである。情動は、むしろシニフィアンによって媒介されている。これは、情動がシニフィアンに還元できるという意味ではない。情動とはつねに理解されうるものである。つまり、情動はひとつの意味、シニフィエをもっているのである。ミレールは、記号の恣意性のモデルの上で情動の恣意性を証明しようとする構造主義的イデオロギー——たとえば、ロラン・バルトの著作を思い浮かべることができる——に対して異議を唱えている。情動は感情émotionではない。感情は人間のなかの動物的な部分に関わっており、環境としての世界への私たちの関係と相関していると考えられるが、情動は、主体により一層関わっており、表象やシニフィアンに対する私たちの関係に関わっているのである。

精神分析は、身体に対するシニフィアンの効果に関して正確に教えてくれる学である。

(37) *Ibid.*

(38) « À propos des affects dans l'expérience analytique », *Actes de l'E.C.F.*, n°10, 1986.

情動はシニフィアンに媒介され、間接的な効果しかもたない。しばしば誤解されている重要な点がある。それは、まさにフロイトが明らかにしていることだが、情動を抑圧することは不可能である、という点である。「私は自分の嫌悪感を抑圧している」や「私は無意識的に罪悪感を感じている」という言葉はよく聞かれるし、自分のものとして認識したくないような嫌悪感、認めがたい恐れ、さらには隠された罪責感を出現させることが分析であると考えられることもある。しかし、情動や感情を「抑圧する」ことは、用語における矛盾であるといえるのである。

感情も、情動とまったく同じように、つねにシニフィエ、意味をもっているということを強調しておこう。それはつねに優れて意識的なものである。無意識的な感情というものは存在しないということは、誰もが確かめることができる。たとえば、自分が嬉しいということを知らずに嬉しいこと、あるいは悲しみを感じることなしに悲しいことはいかにして可能だろうか。情動はシニフィアンによって媒介され、ひとつの観念に関連づけられている、と考えてみよう。つまり、この観念、この表象は〔それがもともと結びついていた〕エネルギー量から分離されることが可能なのである。このエネルギー量が情動のもうひとつの側面を構成しており、この量が私たちに情動を感じさせることを可能にしている。それゆえ、情動が結びついた観念を抑圧することはできるが、しかし情動がもつエネルギー量に関しては単に移動され、「離脱され[39]」、「漂流しようとしている[40]」ことになる。

情動が移動させられうるものであるとすれば、情動は欺く可能性のあるものだということになる。これは、精神分析における情動に関してミレールが述べる二番目の重要な点である。分析において生じる情動はそのまま受け取るべきではなく、それを実証しなければならない。真理は、事実にはまったく関わっておらず、体系の最奥部にその固有の参照点をもつという点で、虚構の構造をもっている。情動は、この後者〔＝虚構〕と関係をもちうるものであるが、しかしつねにそうであるわけではない。どのような場合でも、情動を身体の声として捉えること、つまりそのパロールが魂から発されたものであると捉えることは決して行うべきではない（このように捉えられることが非常に多いのだが）。情動は確実性の記号にはまったくならないのである。感情は嘘をつく le senti ment とラカンはすでに言っていた。ただし、不安だけは例外である。例外的に、不安は精神分析における非常に独特の位置をもつとされるのである。この情動は直接的に感じ取られる。取るに足らな

(39) *Ibid.*, p. 80.
(40) *Ibid.*

い出来事の際に悲しみを感じることがよくあるが、それはずっと以前に過ぎ去った別の出来事によって私たちが情動を触発される affecté ためであるかもしれない。

ミレールにとって情動がどんなものであるかをまとめると、情動は主体と関係するものであり、人間のなかの動物的な部分に関係するものではない、ということが言えるだろう。情動はシニフィアンと関係しており、それゆえつねに媒介されたものである。この意味で、情動は移動するものではあるが、しかし決して抑圧されるものではない。情動は、たとえ非常に「うそつき」であったとしても、つねに意識的なものである。換言すれば、情動は与えられた文化の影響を受けてコード化されたものである、ということである。

情動についてのこのような構想は非常にシンプルであり、フロイトの構想から直接に由来するものである。そしてこの構想は、「逆転移 contre-transfert」を拠り所とするあらゆる〔精神分析の〕潮流[41]に対抗してミレールが推奨している精神分析のあり方とも矛盾しない。逆転移を拠り所とする潮流によれば、分析家は、患者が分析家に語る際に感じ取られる〔分析家自身の〕情動や感情を考慮に入れなければならず、それを解釈しなければならず、さらにはそれを分析主体に伝えさえしなければならないという。しかしこの場合、分析家は、自分自身の分析につきまとっているものを分析しているにすぎない。精神分析家にとって重要なのは、「空虚の状態 un état de vacuité」「予想外のものを感受しうる禅の状態 état zen de disponibilité à l'inattendu」[42]によって方向付けられたままでいることである。分析家は、自分が指導する分析経験のなかで感じ取られる情動によって侵入され誘導されるがままになってはいけないのである。

症状とファンタスム

精神分析に享楽 jouissance という用語を導入したのはラカンである。この用語は、臨床のなかで観察されることを理解するために導入された。享楽は、快と不快の向こう側にある。快を享楽することが可能であるのと同じように、苦しみを享楽することも可能である。ミレールは、症状とファンタスムは、享楽への関係において結び付いているということを強調する。この二つは、神経症の主体における享楽の二つの源泉、つまり二つの「享楽するモード modes de jouir」となっている。症状は苦しみのなかで、たとえば悲痛な言

(41) 訳注：ポーラ・ハイマンに代表される、分析家の逆転移をクライアントの無意識に直接的にアクセスするための道具とみなす精神分析の潮流を指す。

(42) « La formation de l'analyste », *Revue de la Cause freudienne*, n°52, 2002, p. 13

表行為のなかで、享楽を回復するひとつの手段である。他方、ファンタスムは主体が快く享楽することを可能にする。ファンタスムの中には、私たちの欲望を始動させるものが見出されるのである。しかし、症状とファンタスムはそれぞれ区別されなければならない。つまり、「ファンタスムの論理 logique du fantasme」が存在する一方で、症状は「形式的外被 enveloppe formelle」をもっているのである。

症状の形式的外被

主体の享楽する方法としての症状には、二つの顔がある。症状は享楽とメッセージという両方の顔を同時にもっているのである。ミレールは症状のこの二つの顔がお互いに連接することを示している。つまり彼は「メッセージを享楽すること jouir d'un message」[43]がいかにして可能かを示しているのである。

症状の「メッセージ」としての側面から始めよう。症状は意味をもつ何かである。それは、そのメッセージを運ぶ主体に対して暗号化されたメッセージである。それはまるで、主体の背中に書かれているために、主体が自分では読むことができないような何物かである。私たちは、この暗号化されたメッセージを解読することができる。これは分析の諸目標のひとつとみなされている。それゆえ症状は解釈可能であり、そのうえ精神分析家の好奇心の源ともなる。症状は往々にして、不平不満や要求といった形式の下で現れる。神経症の主体は精神分析家に解釈を、シニフィアン〔＝解釈の言葉〕を要求する。だとすれば、症状が運ぶメッセージの意味を主体に与え、それを解読し、読解し、さらには翻訳すれば、症状が消失すると考えられるだろう。しかし、実際にはまったくそうならない。ひとつの症状の意味を主体に与えることは、定冠詞つきの意味を与えることでしかない。ところが、あらゆる解釈学においてそうであるのと同じように、唯一の可能な意味など存在しない。ひとつの言表内容はさまざまな方法から解釈することができるのである。症状にその究極の意味を与えることは不可能であり、さまざまな意味を、つまり意味それ自体の無限性を与えることしかできない。それゆえ症状を解読すること、つまり解釈を行って主体にその症状の意味のひとつを引き渡すだけでは、私たちは終わりなき不明確さの戯れのなかに舞い戻ってしまうだろう。これでは症状を止めることはできず、さらには分析中の一時期に解釈の熱狂を、そして同様に症状の熱狂を生じさせてしまうという事態が頻繁に生じ

(43) « Réflexions sur l'enveloppe formelle du symptôme », *Actes de E.C.F.*, n°9, 1985, p. 42.

る。こうして解読の熱情が生まれ、そこではすべての「言うこと」が想定上の意味を孕んでしまう。たとえば、分析家がくしゃみをすれば、主体は分析家がそれによって何を言わんとしていたのかと不審に思う……。そんなふうにして私たちは、分析家が、私たちの症状であるところの隠されたメッセージについて何かを知っていると想定する。つまり、あらゆるパロール、あらゆる行為までもが意味を担ってしまう可能性が生じるのである。

ここにはひとつの袋小路がある。この袋小路は、症状の「享楽」の側をも考慮にいれなければならないということを教えてくれる。もしひとが治癒しないことに躍起になっているとすれば、つまり自分の症状を守ることに躍起になっているとすれば、それはそのひとがその症状を享楽しているからである。人々が不平不満を語るのを聞くとき、彼らが本当は解決策を探そうとはしていないように感じられることがある。あるいは彼らの要求が真正のものではないように感じられたり、彼らが不平不満を撒き散らしながらも享楽しているように感じられたり、その行為そのものが彼らを苦しめていると感じられることがある。この意味で症状は多くのことを語ってくれるものである。そして、この側面において享楽することについて主体は決して出し惜しみはしないものである。症状の享楽としての側面を考慮に入れなかったことがフロイトにとっての難所でもあった。フロイトは、それを「陰性治療反応 réaction thérapeutique négative」という特徴の下に理論化している。ひとたび症状が解読され、その症状の意味が患者に届けられたとき、想起や治癒が生じるのではなく、この陰性治療反応が症状を保ち続けようとすることがある。症状が悪化することもしばしばである。主体は、分析家と離れてしまわないようにするためだけに新しい症状を生産することがあり、それは主体自身が悪化したと感じるほどの状態に至りうることをミレールは指摘している。主体は「享楽すること」を続けられることを望み、不平不満と要求の側面において語ることに舞い戻る。ミレールは疎外的なつながり、すなわち苦しむ主体に対して分析家がもちうる真の影響がこのようなものであることを強調する。これが有名な転移、すなわち、自分が苦しんでいることについての知を与えてくれそうな人物を、情熱をもって愛し始めることである。分析の完遂はすべて「自分の転移を清算すること liquider son transfert」に到達できるかどうかに懸かっている。転移の清算は、非常に様々な方法でなされることができるが、決してなされないこともある。この点については、精神分析の歴史を見る他はない。そこには（多数の怨恨があふれる）未解決のままの転移関係の例がたくさんある。転移は、患者にとってのグル（指導者）になる力を授けてくれる疑似科学的な方法を理解させてくれるものとして、すばらしい概念にほかならないという人々もいる。いずれにせよ、ミレールがこの（患者に対面する精神分析家にとっては過剰な力を与えかねない）転移現象を日陰に放置したままではないという点は称賛に値する。もちろん、問われているのはこの転移、この力をどうするかということである。分析経験においては、転移は基本的な道具であり、それは患者のために用いられるものである。

ファンタスムの論理

ファンタスムに言及するとき、その言葉が通常もっているエロティックな含意が思い浮かぶ。「あなたはどんなファンタスム（＝性的な空想）をもっている？」「ファンタスムを生きなければならないのか？」という言葉は、雑誌でもたまに見かける問いである。しかし、精神分析にとって問題なのは、そのようなファンタスムではまったくない。そのようなものはひとびとがファンタスムから作り上げる想像的なバージョンにほかならない。それはエロティックなイメージを示し、自らのセクシュアリティを始動させるために思い描かれるものである。

精神分析におけるファンタスムを理解するためには、ファンタスムと症状の違いを知ることが一番であろう。症状は「主体がそれについて不平不満を言う le sujet s'en plaint」

ものである。他方、ファンタスムは「主体が自らを気に入る場所 le sujet s'y plaît」である。このことから、ミレールは次のように言うことになる。すなわち、分析に入ることは症状によって生じる。症状は主体にとって非常に耐え難いものであるために、主体を分析家に相談するように導く。そして、その分析は主体が構成することになるファンタスムによって終わる。つまり、分析の賭け金のひとつであるファンタスムの横断によって分析は終わるのである。

「ファンタスムの横断」についてよく語られる。精神分析が理解するところのファンタスムはつねに無意識的なものであり、ひとつのフレーズとしての構造をもつものであり、ひとつの文法的モンタージュですらある。ラカンはファンタスムの論理に関するセミネールを行っており、ファンタスムについてのマテームを提供しているが、それについてはここでは詳論しない。ここで取り上げておくべきなのは、主体の基礎的ファンタスム fantasme fondamental は、論理的かつ文法的な方法で分節化されているような何かである、ということだ。そこでは「主体」が「対象」の位置を占めていることが分かることもあるように、能動と受動はいとも簡単に超えられてしまう。分析経験のなかでは、ファンタスムを構成することが問題となる。ファンタスムは書かれることが可能なものであり、主体にとって固定したものでありつづける。これは、ファンタスムは解釈されないということを意味する。ファンタスムを解釈しないのは、それが多義的なものではなく、固定されたものであるからだ。そして主体はそれを変えることができない。ラカンが長い間、分析の終結をファンタスムの横断と関連付けて考えていたのはそのためである。

ファンタスムは、たとえ主体がそれに完全に満足していたとしても、主体によって告白されることは決してない。自分が享楽しているファンタスムを表明することには、ある種の羞恥が感じ取られるのである。ミレールは、症状とファンタスムの根本的な結びつきを提示している。それは、分析治療の終結を「ファンタスムの横断」と理解していたラカンの教えの一時期に対応する議論である。すなわち、このパースペクティヴにおいては、ファンタスムはひとつの公理であるとされる。ファンタスムは、多義性をもったものでもなければ、解釈に適したものでもない。それは示されるようなものではなく、分析において構成されるべきものである。それは主体の満足のモードのようなものとして合成されており、主体の生活のスタイル、世界観、固有の現実の大部分に刻み込まれている。それは主体にとって現実界に対するひとつの窓のようなものなのである。

それはミレールが推奨する「治療の指針 direction de la cure」において重要な点であ

る〔治療の指針とは、精神分析家が患者の分析経験を技法的に導く際に不可欠な方法のことである〕。症状を解釈し、患者に細かく意味を噛み砕くようなシニフィアンを与えるならば、〔解釈の〕停止点には決して到達しえない。そういった方法では、本質的に移動と圧縮、隠喩と換喩の側面から意味作用が次々と変化していくだけである。それでは、主としてファンタスムに栄養を与える結果に終わってしまう。症状に意味を与えれば与えるほど、主体はファンタスムの働きから快を引き出そうとするようになる。それはまさに、名高い「白昼夢」である。治療の指針に関わることの中では、症状になんとしても意味を与えることが重要なのではなく、意味を交付すること以外の解釈のモードを用いることが重要となる。例えば、隠喩は意味を生産するため、隠喩は廃絶されるべきである。「他の語に対してひとつの語を、これが隠喩の公式である」とラカンは述べた(44)。あるシニフィアンは、他のひとつのシニフィアンによって、あるいは複数の他のシニフィアンによって代理され、複数の意味作用を圧縮する。隠喩は、移動や変身を行うが、それは言語の能動的でいきいきとした側面である。〔隠喩では、〕ある対象は類似性の関係をもつ他の対象によって指示

(44) 訳注：*Ecrits*, p. 507.

される。一例を挙げれば、「雌牛の皮のなかの美しい花、花で着飾った美しい雌牛」[45]という隠喩がある。私たちは、これをみだらな特徴をもつ美しい娘のことだと理解する。「花」と聞いて、「娘」と理解するのである。「娘」はこの隠喩の意味作用である。片方の意味を干上がらせるのではなく、ある意味を他の意味に代理させるのである。

〔こういった隠喩的な解釈を与える以外に、〕むしろ私たちはシニフィアンのスカンシオン〔＝語りに区切りを打つこと〕を用いることができる、言い換えれば、患者のフレーズの細かな部分で分析セッションを停止させるという方法を用いることができる。あるいは解釈の神託的モードを利用する、つまり主体にとって謎めいた何かが聞きとられるように〔解釈を〕与え、言表内容に対して言表行為が優位に聞きとられるように〔解釈を〕与えるのである。このタイプの解釈によっても、曖昧さの戯れによって複数のありうる選択肢の中から意味が決定されることはありうるが、それは分析主体によってなされることである。したがって、意味は未解決、未決定のままとなる。私たちはこの点、およびメッセージを享楽することが可能になる方法に後に再び立ち戻ることとする。その前に、私たちは古典的な解釈のアポリアを解決することが精神分析にとって必要になるに至ったパラダイムチェンジを詳細に説明する必要がある。

さて、症状は二つの顔をもつのであった。ひとつは「形式的外被」[46]であり、「メッセージ」の側面であり、解釈可能で解読可能なものである。しかしその顔は、解釈不可能なもの「享楽の核 noyau de jouissance」をも包み隠している。主体がもっとも内密にもっているものはこの享楽の核であり、たとえ主体がそれを自らにとって著しく奇妙なものと感じていたとしてもそうなのである。そのうえ、症状の「享楽の核」の側面は、ミレールの教育における局面の変化にその場所を与えている。その変化は、彼が最後期のラカンを研究するときに生じることになる。

ファンタスムの横断――パス

ここで言われている「〔ファンタスムの〕横断 traversée」をどのように理解すればいいいだろうか？　横断するという言葉は、横断されるものを破壊するのではなく、むしろそれを超えて通り過ぎるときに用いられる。横断されるものは、保持されたままで横断される

(45) Jean-Claude Razavet, « De Freud à Lacan. Du roc de la castration au roc de la structure », De Boeck, Bruxelles, 2000, p. 82.
(46) « Réflexions sur l'enveloppe formelle du symptôme », article cité.

のである。それゆえ、ファンタスムの横断はファンタスムを消滅させることではなく、単にファンタスムの論理学的構造を知り、それによってかすかな移動を遂行することができるようになること、言い換えれば主体的位置を変化させることである。ファンタスムは分析することができず、分解することも拒絶することもできない。ひとはファンタスムから離れることは決してないのである。実際、誰が欲望のこの作用因たるファンタスムなしに生きることができるだろうか? ファンタスムがなければ、欲望もない。ファンタスムが可能にすることは、ひとたびある欲望が満足されたなら、他の欲望が代わりに到来するということである。反対に、ファンタスムはひとたび構成されると、その場所や性質を変えない。ファンタスムは自らの場所にとどまり、自らの性質のままにとどまる、不変かつ堅固な構造である。私たちは自分で行動したのだ、と信じて行動しているが、実際にはそれは行動させられたものであり、受動性、情熱＝受難passion、病理であった、ということがしばしばある。しかし、ひとたびファンタスムが横断されると、ある「進歩」が得られる。それはファンタスムを見出し、位置を割り出し、位置づけることができる状態になるということである。こうして新たな位置が到来することが可能となり、私たちの奴隷状態は軽減される。私たちはこのようにして、新たな「主体」のあり方を手に入れる。それはもはや従属しているだけのあり方や、合意の上での犠牲者としての、あるいは無意識の操り人形としてのあり方でもなく、距離をとることのできる主体というあり方である。ファンタスムは消滅せず、変化しない。しかし、ファンタスムは位置を割り出されており、私はもはや無分別に操作されることはない。精神分析は実際には私たちを変化させず、分析経験はせいぜいもともと分析に向いていた主体を心穏やかにさせることができるだけである、と言いたがる向きもあろう。しかし、そこには実際、「それ＝エス ça」がある。ファンタスムがひとたび横断されたなら、さらにそれをもって行うべきことや、それともっとうまくやっていくこと savoir y faire がある。ミレールが最後期のラカンの教えに取り掛かるとき、真に重要になるのはもはや「ファンタスムの横断」ではなく、むしろ「自らの症状への同一化 s'identifier à son symptôme」に到達する分析である。

しかし、ファンタスムについての分析理論の煩瑣な点に立ち入るよりも、むしろファンタスムの横断の試み――これが私たちの〔分析の〕終結の方法となるのである――の実例を取り上げるほうが好ましいであろう。この実例は、ミレールによって提供されたものであり、彼はそのなかで「パス passe」の「失敗〔事例〕」に言及しているのだが、失敗とはいっても、そこから私たちが何かを学ぶことができるがゆえに、それは額面通りの失敗ではない。実際、パスは分析の終結をよりよく知るために、ラカンによってまとめられた手続きである。ミレールはその論文の中で、主体の顕著な変容に結びついた分析経験をもつ主体の証言を集めようとした。パスを具体的に説明しよう。パスでは、パスの候補生つまり「パス通過者 passant」が、他の二人の分析主体つまり「パス代行者 passeurs」に自分の分析が何であったのかを証言することが必要とされる。パス代行者は各自が〔パス通過者と同様に〕自分自身の分析の終結に近づいているという理由で選ばれる。その目的は、〔すでにパスを通過した〕学派分析家 analystes de l'École[47] が〔パス通過者の〕証言をとりまとめてしまうことを避けることである。つまり、分析家間の権力やライヴァル関係といった問題を蚊帳の外においておくためである。パス代行者は、自分たちが受け取った証言を審査委員会に伝達する。ミレールが提供してくれている例のなかでは、主体が自ら基礎的ファンタスムの位置を割り出したにもかかわらず、それでもなお基礎的ファンタスムに従属しつづけることがありうる、ということが分かる。パスの手続きにおいて最終的に重要なことは、「パスの展開そのものが、ファンタスムを暴露したという形式の下でファンタスムを反復させることがありうる」[48]ということである。この謎めいた「パス」が何であるかをよりよく理解するために、当該の事例を開陳してみよう。

最初の例はこうである。[49]「事例アルファ。お母さん子が女たらしになった事例である。幼少期において、彼の家庭では母が父にたえずがみがみと叫んでおり、彼はその声によって寝かしつけられていたようなものだった。母の味方であった彼は、夫婦というものはお互いを満足させることが不十分にしかできないということを示したくてたまらなかった。しかし、彼はそのように考えるのはもうやめたのだ、と語った。そのような夫をけなす口ぶりでは、夫をすぐさま動かすことはできないのだ、と。彼は、自分の配偶者を満足させることに専念した。すべては順調に進み、彼はパスを行った。「すべてが順調に進んでいる」という彼の言葉を信じるべきだろうか。彼は、何のためにパスにおいて〈学派〉の気を引こうと全力を尽くしたのだろうか？　そして、カルテルのなかで、〈学派〉を自分がベッドをともにする〈既婚者〉として扱う感情が不可避的に生み出されたのはなぜなのか？　このパスでは、彼を突き動かしていたファンタスムが露呈しているのだが、彼はそ

（47）訳注：学派分析家（AE）とは、フロイトの大義派においてパスを終了した分析家に三年間与えられるタイトルであり、学派に対して教える役目を担う。それ以外の分析家は学派会員分析家（AME）と呼ばれており、（しばしば誤解されているのだが）パスを行わなければ分析家になれないというわけではない。

（48）« Portraits de famille », *Revue de la Cause freudienne*, n°42, 1999, p. 41.

（49）*Ibid.*, p. 42.

のファンタスムから抜け出せていない」。この主体の基礎的ファンタスムは、既婚女性の愛人でありつづけることだ、ということがわかるであろう。

あるいは次のような事例もある。「事例ベータ。彼女は、とくに母親の記憶のなかにしまい込まれていた死んだ兄弟に同一化していたことによる苦悩の歴史を語った。分析は、彼女にふたたび生まれ直すことを可能にした。彼女には兄弟の夢魔を一歩ずつ手放していくことが必要であり、そのためには、彼女の愛情生活を抑制していた借り物の男らしさと、彼女の享楽をつねに台無しにしていた死を同時に手放すことも必要であった。すべては順調に進んだ。彼女は生きた。彼女は女である自分を再発見した。彼女はパスを行った。しかし、すべてが順調であったというのに、なぜ彼女は、パス代行者が心配するほどまでに、悲しげに、かつ落ち込んだ状態でパスに赴いたのか？　痕跡は消されたのか、それとも単にカムフラージュされただけなのか？」ここでは、ファンタスムはおそらく強迫的な構造を明らかにしている。そのファンタスムは、自分が死んだ兄弟であることを周囲の人々の眼前にさらけ出すことであった。

さらに次のような事例もある。「事例ガンマは、二六年前から〔分析家に向けて〕話をつづけている。彼は三人の分析家に支えられながら、自分の話をしてきた。彼は一秒たりとも退屈することがなかった。シニフィアンの戯れは、彼にとって秘密ではなかった。彼が語るやいなや、シニフィアンは競って圧縮され、代理された。シニフィアンは倦むことなしに彼を他のシニフィアンに代わって代理表象した。ついにそれが停止し、彼はそのことに驚く。彼はそのことを知らせたいと思った。そして彼はパスを要求し、パスを行った。そのパスは終了したが、しかし彼はパス代行者にあらためて面会を要求した。彼はパス代行者に電話をかけた。彼はまた何かを見出し、パス代行者がそのことに十分に気づいていたのか？　と考えたのである」。ここでもまた、あきらかに強迫的構造が問題となっている。このファンタスムは解読の情熱とリンクしており、主体はシニフィアンを咀嚼し、たゆまずに、そして無限にシニフィアンから意味を引き出すことを享楽しているのである。

次の事例はこうだ。「事例デルタ。彼女は、自分の父親と兄弟たち以外を愛していなかった。母親と姉妹たちについては嫌悪感をもって話すことが常であった。彼女は自分の人生において、男性にしか価値を与えず、女性たちを受け入れることがなかった。それでもなお、彼女は女性であり、そのことは彼女自身よく分かっていた。彼女はどうやって自分が女性であることをいとも簡単に受け入れたのだろうか？　彼女のこの引き裂かれ＝分割 division が彼女を分析に導いた。彼女は自分が女性性を拒絶していることを見出した。

そして、彼女は少しずつ変わっていった。彼女は反対側〔＝分析家〕の役割を果たすようになった。こうして、彼女はパスを行うことを要求した。かくして彼女はパスを行った。偶然にも、彼女は男性のパス代行者と女性のパス代行者に会わねばならなかった。それぞれのパス代行者が審査委員会に報告を行った。男性と女性のパス代行者が語る彼女は、それぞれとても異なっているようだった。この事例では、彼女が男性のパス代行者を愛する一方で、女性のパス代行者を嫌っていたことが気づかれた」。

最後の締めくくりとなるのが、次の事例である。「事例イプシロンは、秘密によって印付けられた人生を送ってきた。彼の家族は迫害から逃れるため身を隠すことを余儀なくされていた。（おそらく母方の）叔母の破廉恥な人生がつねに当惑の対象となっていたのである。彼の欲望は、ふつうは女性のものであると信じられているこの秘匿という特徴によって印付けられた状態にあった。このことが彼をわずらわせた。人前で何かをするということに、彼はほとんど興味をもたなかった。彼は分析家のところに行く際には、壁にぴったりと身を寄せなければならなかった。次第に、彼が着ていた影のようなコートは摩耗して粉々になり、かつてコウモリであった彼はもはや光を恐れなくなった。彼はパスにおいて自分が光へと至った道について語った。それはとても説得力のあるものだった。しかし、二人のパス代行者が明らかにした彼の不鮮明さ、曖昧さ、隠蔽的なスタイルは、彼の発言すべてにともなっており、それは彼が影のなかでなんの犠牲も払わずにパスを行おうとしていると思わせるほどのものであった。それは一体どうしてなのか?」主体がここで享楽しているのは、まさに偽ることにほかならない。偽ることが、彼の人生全体を印付けており、彼の現実の印影となっている。それが、彼のファンタスムだったのである。

このような事例から、ファンタスムが私たちの人生を動かすシンプルかつ小さな公理であることが理解できる。ファンタスムは私たちに欲望することを可能にし、「欲望することを欲望すること」を続けることすら可能にする。ファンタスムは、反復だけでなく享楽とも関係をもっており、私たちが他者に対してとりがちな関係のあり方をすぐれて印付けている。分析の目的が、少しでも「慰みもの」でなくなるためにファンタスムを単離する isoler〔= 結晶化して取り出す〕ことであるのだとしても、それだけが問題なわけではないということについては、すぐ後に検討する。パスは、主体がファンタスムを単離し〔= 取り出し〕、それを書くことが出来るようになった、ということを証言できるための場所として、長く維持されてきた。このようにして〔パスを通して〕主体は学派分析家と命名され、今度は彼が臨床家になる番となるのである。

第三章　ラカン的政治

私たちはこの章に「ラカン的政治 politique lacanienne」という題をつけた。しかし、本章で扱われるのは、日常的な意味での政治、つまり「権力の行使の様々な術策」という弱い意味における政治ではないということを明確にしておかねばならない。分析経験においては、政治は転移や解釈と関係している。分析家のノウハウ savoir-faire には、精神分析的な解釈を生みだすために必要不可欠な**戦術** tactique の技巧となる**機微** tact が伴う。精神分析的な解釈では、主体にとって何らかの効果が得られることが重要である。転移について言えば、転移は分析が続いているあいだの期間すべてにおいて生じている。転移においては、**戦略** stratégie の秩序に属する何かを展開することが可能である、ということがもっぱら重要である。それゆえ、少なくともラカン的オリエンテーションにおいては、解釈の戦術と転移の戦略が精神分析的政治を構成しているのである。

転移と解釈の効果を「政治的なもの」と呼ぶことができるのは、それらが人が自分を位置付ける方法に変化を生じさせるからである。つまり、転移と解釈によって、主体はもう一つ別の構造、もう一つ別のディスクールのなかに住まうことができるようになるのである。精神分析にとって、ディスクールは社会的紐帯 lien social を作りあげるものである。というのも、分析的ディスクールという間接的な手段によって、ある新しいディスクールが出現し、そこからある新しい社会的紐帯が出現するからである。分析家は自らに固有の政治的実践を所有しており、その実践は主体に対するパロールの効果を尊重している。すぐれて政治的なものとは分析的行為そのものであり、その行為は必然的に分析家の「もっとも内密な」判断に訴えるものである。

それゆえ本章では、臨床と政治を結びつけることが適当であろう。ミレールは複数年度にわたってその主題を自分の講義で取り上げ、その主題に「ラカン的政治」という非常に自然な名前をつけている。

毛沢東主義から政治の懐疑論へ

日常的な意味での政治に関しては、私たちは次のことを指摘できるにすぎない。すなわち、ミレールは「自分は進歩主義者ではなく、政治に進歩があるということをほとんど信じたことがない」ことを決して隠さなかったということである。そうすることによってミレールは、フロイトやラカンのように、〈政治に関する〉懐疑論の立場をとったのである。「ラカン的意味でのリベラルなポピュリストは、享楽し、享楽させる者である！」[1]という、撞着語法にも見える言葉をもちいて、ミレールは自分の政治的立場を位置付けている。たとえ若きミレールが六〇～七〇年代には〈プロレタリア左派〉の中心をなす毛沢東主義者であったとしても、今となってはその時期はミレールにとって過去のものである。ラカンと精神分析が、彼にすべての革命は幻影であるということを教えたのである。ならば、革命の欲望は死に絶えたも同然ということなのだろうか？　この話題について、二〇〇二年に彼が次のように語っていたのを見れば、そのように信じることはできないだろう——「私たちは革命の時代の終わりを生きた。私たちは〈革命〉の喪に服している。フーコー

(1) « La psychanalyse, la cité, les communautés », *Revue de la Cause freudienne*, n°68, 2008, p. 109.

はそのことを予想していた。一九七一年のある日、フーコーは私に「〈革命〉は欲望されうるものであることを止めた」と言った。その言葉に、私はびっくりした。私には全然理解できなかった。私は、革命は不可能であるがゆえにますます欲望されるものであると思った[2]」。革命の欲望は、一九七一年には無傷であった。革命がもはや以前に比べて不可能だと思えてきたときにも、革命が活気づいたままである理由は残っていたのである……。それでもミレールは、七〇年代初めに分析に入るときに、革命闘争から完全に足を洗っている。その理由の大部分は、一連の革命の結末が彼にもたらした狼狽のためであった。その結末が、彼に分析に入ることを急がせたのである。

今日、ミレールにはフロイトの大義派のリーダーやパリ第八大学の精神分析学部の指導者という役割があるが、そこにも彼のある種の戦闘的態度を見出すことができる。彼は、革命に向けていた戦闘的態度から、精神分析の「大義 cause」のための戦いへと移行したのである。その移行以来、彼は大衆に向けた精神分析の伝達に取りくんでいる。ミレールは二〇〇九年一一月にジャック・ラカン精神分析市民大学 Université populaire de Psychanalyse Jacques Lacan を設立している。「精神分析は誇るべきものであるだけでなく有用な活動でもある。もし秘密にすることなしに、もったいぶることなしに、ジャルゴンなしに、あるいは不可欠であるとされている厳格な言葉なしに、偉大な大家の話ぶりも権威ぶった話法もなしに、そして少々の分別と活発さをもって精神分析に触れたならば、大衆は精神分析の委細顚末を完全に理解するであろう。そのことを証明する責任が私にあるだろうか？　承知した！　私に出来る限りではあるが、フランス国民のためのフロイト派の教育を行おうではないか」[3]。ミレールはとりわけラカン派精神分析の世界的学派（ＡＭＰ〔＝世界精神分析協会〕）を設立することに尽力し、〔ＡＭＰが〕フロイトの国際組織として有名なＩＰＡに張り合うことができるようにした。南アメリカ、主としてアルゼンチンのヒスパニックやブラジルの大衆を〔ラカン派が〕征服するための戦略を採用することすら行った。実際、ミレールが自分の著書の大部分を出版しているのはスペイン語のみである。

私たちは、政治の舞台の上でミレールが何をしようとしているのかを予言することはできない。彼が「フランスには党派が欠けていた。哲学の党派、〈啓蒙〉の党派が欠けてい

（2）« Lettre claire comme le jour pour les vingt ans de la mort de Jacques Lacan », dans *Lettres à l'opinion éclairée*, Paris, Le Seuil, 2002, p. 73. を参照せよ。

（3）*Ibid.*, p. 69.

た」、さらには「党派を生み出すことは素晴らしいことだろう」と書いたのは二〇〇〇年代の初めのことではなかったか。確かなことは、精神分析は主体を政治に——とりわけ、解放の政治に——参加するように導くものであるようには見えないということである。これはおそらく、フロイトが提示していた「政治的不可知論」のためである。ラカンも政治に対しては同様の距離の取り方をしていたようである。ラカンが自分は「革命の扇動者」として評価されていたと言いえたのは、単にラカンが「真理の人間」であるという意味においてのことにすぎなかった。実際、ラカンはフロイト的マルクス主義〔＝フロイト左派〕を常に拒絶しており、それを「解決策なしの支離滅裂」〔*Autres écrits*, p. 555.〕と評していた。確かに、ラカンが革命を称賛することはなかった。むしろ、革命のみせかけと権力のゲームを倦むことなく告発していた。彼は、自らの教えのリアリズムのなかで展開しえた真剣さで、それに対抗した。たとえ「無意識とは政治的なものである」としても、精神分析にとっては政治と臨床をはっきりと結びつけることが重要なのである。症例ごとの、一人ずつの政治こそが重要であり、それは「精神分析の倫理」という手段によってのみ可能になるのである。

私たちはすでに、精神分析はいかなる道徳にも還元することができず、そして私たちにとって妥当ないかなる教訓にも還元することができないことを述べてきた。精神分析は、ある倫理、非常に独特な倫理だけを可能にするものである。ミレールは、ラカンに従ってこの倫理を精神分析臨床へと結びつけている。というのも、そこで問題となっているのは複数形の主体にとっての倫理では決してなく、また*単数*形の主体にとっての倫理ですらなく、*定冠詞*付きの精神分析の倫理だからである。実際、この精神分析の倫理は欲望に関係している。特に、精神分析家の欲望に関係しているのである。ラカンにとって、この精神分析家の欲望はその解釈にほかならない。解釈とは、精神分析家が目指すところのものである。精神分析家は良い解釈を、つまり精神分析的であるような解釈を与えることを欲望するのである。

しかしそれだけではない。この分析家の欲望にはもう一つの側面がある。その欲望は、分析家自身の言表を超えたところに、意味を超えたところに存在するあらゆるものでもあ

（4）*Ibid.*, p. 76.
（5）*Ibid.*

る。したがって、分析家の欲望は、分析家の言表行為に関わる。ラカンにとって解釈と欲望のあいだに関連性があったとすれば、ミレールはそれを一歩先に進めたと言える。つまり、ミレールは倫理と解釈を結びつけたのである。こうして、精神分析の倫理は「よく話すこと bien dire」の倫理に帰着することになる。

この倫理において問題となるのは、まず「分析的行為によって創始された経験それ自体が、〔一般的に考えられている倫理とは〕反対に、価値を停止させ、さらには価値に疑問符を突きつけ、価値を括弧に入れることによって特徴づけられているにもかかわらず、倫理について語る、という前代未聞の事柄である[6]」。実際、哲学によって私たちは倫理を価値と結びつけるように習慣づけられている。その上、そして何よりも、哲学は格率を用いて、この倫理を全員にとって妥当な原則へと昇格させている。アリストテレスやスピノザはこのようにして倫理を普遍へと高めた。カントは「道徳法則それ自体を基準とするような、行動のありうべき普遍化」に至るまで、この論理を推し進めることさえ行った[7]。他方、分析経験のなかでは特異的なものしか決して問題とはならない。したがって、「哲学〔者のつくりあげる倫理〕の幻影とは反対に、倫理とは相対的なものである他はない[8]」のである。もし精神分析の倫理がそれぞれにとって相対的なものであるとすれば、それは規範的なものではない。「それ〔精神分析の倫理〕は沈黙を守るものであり、命令を与えない」[9]、「教示を行わない」[10]ものなのである。

精神分析の倫理は「よく話すこと」によって、つまりよく話すことの倫理によって構成されている。では、それは何について「話すこと」なのだろうか?「この話すことは、パロール――精神分析において、それは何らかの機能を果たしはするが、それと同時に価値下げされるものでもある――ではない。(……)よく話すことは雄弁とはまったく関係ない。なぜなら、話すことは、これはラカンの定義だが、ある事実を基礎づける限りでのパロールなのだから。よく話すことはうまく話すこと beau dire とは異なると言えよう」。「よく話すこと」は、分析家の言表ではなく言表行為を重視する。言い換えれば、解釈の内容よりも解釈の形式を、より一層重視するのである。実際、ひとは自らの欲望に触れることなしに言表行為を作り出すことはない。

(6) « Pas de clinique sans éthique », *Actes de l'E.C.F.*, n°5, 1983, p. 29.
(7) *Ibid.*
(8) *Ibid.*
(9) *Ibid.*
(10) *Ibid.*

一例を挙げよう。ある患者は毎週月曜日にセッションに来ていた。「この週末、私は何もしていません」と彼は言う。数か月過ぎても、患者は週末に自分のやりたかったことを「何もしない」でいた、と言うことを決して欠かさなかった。分析家の解釈が関わろうとするのは、まさにその言表行為に対してである。分析家は、彼に次のように言い返す――「何もしてないのか?!」。分析家は、主体が「私は何もしていません」という自分の言葉を自分の無実を証明する欲望として理解できるような方法で応答したのである。つまり、「〈それをやったのは〉私ではない！」ということである。この解釈のおかげで、この分析はまったく別の展開に至った。主体は、「私は何もしていません」と表現されるものに隠されている罪責感に気付いたのである。「こんにちは」という言葉であっても、たくさんの言い方があることを考慮することができる。その言葉を用いる調子によっては、自分の欲望に関わるたくさんの物事を素通りさせてしまうこともできる。「こんにちは」は暖かくもなりうるし、その人物に会えて満足しているということを示すこともできる。しかし、純粋に儀礼的な印象を与える仕方で「こんにちは」と言うことによって、より冷たく、よそよそしいままでいることもできる。それに加えて、当面のあいだ欲望が絶頂を迎えそうなほどの淫らな「こんにちは」が存在しないわけがあるだろうか？　言表行為が欲望のようにそれそのものとして「書かれること s'écrire」ができないことがすぐに分かるだろう。これは、口唇的領域に特に固有の特徴である。

分析家の倫理とは主に「自分の欲望について譲らないこと」である、とラカンが言うことができたのがなぜなのかを理解することができる。精神分析家は、患者の言表を辛抱強く解読し、その意味を患者にときどき伝えるためだけにその場にいるのではない。もし精神分析家がそういったことを行い、シニフィエや言表の側面に留まっているのなら、私たちは分析経験のうちの縮減された部分だけしか手にしていないことになる。書かれたものによる分析を行うことが不可能であるのはこの理由からである。分析家は自らの欲望、つまり「分析家の欲望 désir de l'analyste」を示すことができなければならない。そして分析家は、シニフィカシオンのそこかしこにある何かに関わるものを、その言表行為によって聞き取ることができる。こうした言表行為は、「ときには無視されるもの、言い換えれば、ううむ、おぉ！、あぁ？、うん〔という分析家の返答〕」[11]によってなされることができる。重要なのは、主体が、問題になっている意味に関して決定不能のままでいることであ

（11）*Ibid.*, p. 30.

る。そうすれば、分析主体の欲望は可能なかぎり開かれたものになる。主体を「断言法un affirmatif の手前の、まさに決定不能の、空白以外の何ものでもない(12)」状態にすることが必要なのである。「実際、「?!」は倫理の紋章でありうる(13)」と言うことさえできる。分析経験の展開のなかで主体が理解しなければならないことは、主体が言表することの意味の彼方に欲動的に享楽するモードが存在し、それは意味をもたず、主体の特異性以外のものをなにも刻印されていないということである。

精神分析の倫理は――精神分析の概念にはよくあることだが――少なくとも二つの顔をもっている。倫理は「分析家」の側〔の倫理〕を含んでいるのであるが、「分析主体」の側〔の倫理〕を含まないわけではないのである。精神分析家の側では、その倫理はよく話すことに関わるのであって、自分の欲望もそこに関わっている。しかし、分析主体の側ではどうなのだろうか？　「フロイトやラカンと同様に、分析主体の倫理は、「Wo Es war, soll Ich werden」、つまり、「それがあったところに私 je は到来しなければならない」によって定式化される」。分析主体は、主体を到来させるように努めなければならないのである。というのも、無意識とは主体なき知にほかならないからである。この知を再び自分のものとし、私たちの運命を織りなす反復をマッピングし、私たちがその反復を断ち切ることが、精神分析に賭けられていることのすべてである。私たちは無頭の欲動によって反復強迫につなぎとめられているが、その反復強迫は私たちにはわけのわからないもののままである。この知られざる知から、主体が生み出されなければならない。また、分析主体は、自らの享楽するモードをそれそのものとして単離する〔＝取り出す〕ことができるようにしなければならない。分析主体には、ある種、自らを主体化する責務があるのだ。私たちの意に反して私たちを動かす病的な反復を解消するために、フロイトのいう欲動的な「エス ça」の場所に、主体が到来する必要がある。その〔エスの〕場所は、私たちを決定づけ、私たちを従わせる言語の内奥に見出すことができる。その場所では、それこそが唯一の命令なのである。超自我の命令は享楽のために仕事を行い、どんな代償を払ってでも享楽することを私たちに課す。それは苦悶のなかにおいてすら行われることもある。この超自我の命令が取って代わられなければならないのである。「超自我の命令は、享楽せよ！（Jouis!＝私は「はい」と言う J'ouis）と公式化される限りにおいて、（……）症状を組織化している。〔その超自我の命令は、〕それ〔＝エス〕があった場所に、それが語っていた場

(12) *Ibid.*
(13) *Ibid.*

所に、それが享楽していた場所に、私として至れという〔精神分析において分析主体に求められる〕命令とは何の関係もない」[14]。

精神分析からどのような政治が演繹できるか

私たちの社会のなかでの精神分析家の位置はどのようなものでありうるだろうか？　この質問によって私たちは、アイロニストや冷笑的なものとしての精神分析家の人物像に突き当たるように導かれる。それは、アイロニストをもっともよく体現しているソクラテスの人物像である。真正の無知の情熱によって突き動かされていたソクラテスは、自分が何も知らないということを強く主張していた。ソクラテスは当時の教師たち maîtres に対して、彼らに想定される知を問い返し、彼らを悩ませることに時間を費やした。ソクラテスは、「物知り」とされる対話の相手に対して、彼らのもっとも精緻な知識が首尾一貫したものではないことを認めさせるように強いる議論の技術をもっていた。知にはつねに穴が開いているがゆえに、ある知の専門家と言われている人物が実際には知の主人 maître ではないことを認めさせるためには、相手の陣地を攻めるだけで十分なのである。この意味で、ソクラテスの位置は、すべての職業は素人に対する詐術にすぎないと言っているも同然である。ソクラテスは勇気について一般人を困らせ、美について芸術家を困らせる、といったことをする。「精神分析家は、疑問符を使って応答したり、分析主体が言ったことを反復させたり、理解しなかったり、馬鹿を装うという彼らの方法によって、アイロニストの位置にある」(15)。

分析家が主体に発見させようとしていることは、次のことである――主体が自らの固有の同一性だと思っているもの、つまり私が「それ」であるところのものは、彼をまさに主体として代理表象するシニフィアンに常に結びついている、ということである。たとえば、「私は医師である」や「〔私は〕叩かれる女〔である〕」という言葉は、自らを定義づける方法となりうる。これはラカン以降の精神分析が「主人のシニフィアン signifiants-maîtres」と呼ぶものである。このシニフィアンはある種の命令である。このシニフィアンは、他者たちや私たち自身の眼前において私たちを代理表象する。分析は患者に対して、こういった〔同一性の〕目立ちやすさがみせかけの性質をもっていることを示す。分析は、ひとは単純なシニフィアンに関わっており、そのシニフィアンは、実のところそれ自体では意味

(14) *Ibid.*, p.31.
(15) « La psychanalyse, la cité, les communautés », déjà cité, p.109.

をもっておらず、ある社会の内部の理想として価値をもっているにすぎないことを示すのである。何が意味のあるものであり、何が意味のないものであるのかをコード化するのは共同体である。実際、言語が共同体の内部にある意味作用の機能を果たすことができるためには、最小限の何かが共通のものとして存在していなければならない。こうしたものはみな純粋なみせかけであり、シニフィアンに対して与えられる意味は集団的にしか決定されえない。その意味を一致させることが必要である、と言うことができるかもしれない。しかし、まったく別なふうに言うこともできる。私たちを代理表象するシニフィアンは、それ自体では意味をもたない。「言い換えれば、精神分析は、社会的理想をそのみせかけの性質において際立たせる。付け加えれば、現実的なもの un réel――享楽の現実界――との関係にあるみせかけの性質においてそれを際立たせるのである。精神分析の立場は享楽にこそ真なるものがある、と言う点においてシニカルである」[16]。というのも、みせかけ、ディスクール、象徴界に対立するのは現実界であり、主体の欲動的な現実界、つまりその主体に固有の享楽するモードであるからである。

こうして、精神分析は、主に権力が問題となるときには、〔権力の〕すべてはみせかけによって維持されているにすぎないということに主体が気付くことを可能にする。裁判所に赴いて裁判官や検事、弁護士が付けているバッジをすべて観察してみれば、ある真理をつかむことができる。それは、その場が「都市」の規範や法が上演される権力の場であればあるほど、そこにはみせかけがある、という真理である。だとすれば、諸々の理想をこのように転覆させる精神分析が、なぜ革命的な性質をもつわけではないのかを考えてみることができる。ミレールにとって範例となるのは、政治的革命は常に認識論的な革命の成果であるということである。たとえば、フランス革命は啓蒙思想の科学的合理性を社会に適用した結果である。みせかけが現れるやいなや、かつてそれであったものの大部分が失墜する。王は、もはや神性を抽出した現実的存在のことを示さなくなる。もはやそのようには信じられなくなる。そういったものは、もはや空想、すなわち純粋なみせかけになってしまうのである。もし「王」が、現実的な参照項を示しうるシニフィエを一切もたない空虚なシニフィアンにほかならないとすれば、それは王が象徴に、つまりそれ自体において必然的ではないような権力の象徴にほかならないからである。それゆえ、この「王」というシニフィアンによって表象されているものを殺すことで、象徴的な父殺しを成し遂げ

---

(16) *Ibid.*

ることもできよう。周知の通り、フランスは過去にこの「王殺し」を成し遂げたことで歴史に名を刻んだ。フランスは君主制権力のみせかけを丸裸にしたのだと言うこともできよう。しかしながら、率直に言うなら、権力がみせかけを維持するであろうこと、つまり権力の欲求〔＝権力を必要とすること〕を失うことはないであろうということもまったく周知のとおりである。みせかけを内破するという条件のもとでも、みせかけのエコノミーを作らないことは、どんな社会にも不可能である。「諸々の理想は恣意的なみせかけである。（……）主人のシニフィアンはみせかけであり、それは科学的理性の眼差しからはつねに偶発的なものである。もし科学の流儀でイデオロギーについて判断するとすれば、それは常に常軌を逸しており、体をなしていないということが示されうる」(17)。

それゆえ、精神分析家はアイロニストの立場に留まり、政治的領野に介入しないように気を付けているのである。精神分析家は、みせかけが働き、みせかけが絶えずその場に留まるようにする。それは、彼が関わり、見つめている主体が、みせかけを現実界と取り違えないようにするためである。ひどい取り違えをしてはいけないのだとすれば、ある種の騙されるままでいるような努力をしなければいけない。ラカンは「騙されない者は彷徨う les non-dupes errent」と述べることができた。つまり、あたかもみせかけが現実のものであるかのように振る舞わなければ、みせかけを実際のものとしなければ、ひどいことになるというのである。権力の印はすべてみせかけにほかならず、それは主人のディスクールの恣意性の上に立脚しているのだと考える者は誰であれ、もはや狂人とならざるをえない。権力のみせかけに関わるものについて、精神分析家は「それをよりよく利用するために、それなしで済ます〔＝やりすごして、うまく利用する〕s'en passer pour mieux s'en servir」[18]ようにする。「精神分析家は企画を提案することはなく、提案は可能でもない。精神分析家の行うこととは、他者の提案を気に留めないこと、その提案の射程を定めているものを気に留めないことにほかならない。精神分析家は大きな構想をもたないアイロニストであって、他者が大きな構想を語るのを待ち、そしてできるだけ早くそれを失墜させるのである」[19]。精神分析家は結局のところ、何かを選択しなくてもよい位置にいる。精神分析家はあらゆる権力の袋小路を知っており、そのため左翼でもなければ右翼でもない。精神分析家が得る政治的効果は、ケースバイケースに〔＝症例ごとに〕しか生み出されない。

（17）*Ibid.*
（18）訳注：Lacan, J. *Le Sinthome*, Editions du Seuil, p. 136.
（19）*Ibid.*

重要なことは、それぞれの主体の分析経験を完遂することなのである。

これは、精神分析が社会的なものに対する効果をもたないという意味ではない。精神分析は主体にその固有の享楽するモードの境界を見定めることを可能にするはずであり、それゆえ決して現実的効果が少ないというわけではない。主体に対する現実的効果があるのだから、間接的にではあるが、社会的紐帯に対しても現実的効果をもつ。「精神分析家のディスクール discours du psychanalyste」は、フロイト以前には前代未聞であったような新しいディスクールと考えられるべきである。このディスクールは、新しい社会的紐帯を出現させることを可能にする。例えば、覚醒〔＝めざめ〕の効果について次のように語ることができる。「〔精神分析家の〕政治的な影響とは何でありうるだろうか？（……）おそらくそれは、ある特定の覚醒の効果であるということができる。ある点に関する覚醒、それは結局のところ、社会的理想において問題となっているもの、享楽、そして剰余享楽の配分についての覚醒であり、それ以上のものではない。理想の脱神話化は、非常にたやすい。それは政治的な知恵であって、それ以上のものではないと言えよう」[20]。精神分析はある脱‐理想化に導くものである。政治的理想が提示されればされるほど、精神分析は脱‐理想化に導くということになるだろう。ミレールはその人生の大部分を積極的な左翼活動に費やしており、六八年五月の当事者の一人であるピエール・ヴィクトール（ベニー・レヴィ）[21]の側の味方であったが、分析経験のなかでその理想をおそらくは失ったのだろう。

要約すれば、権力のみせかけは保護しなければならず、それは享楽することを続けられなければならない、という確かな理由があるからだ。それは、立派な地位にある権力のみせかけに賛同するということではなく、権力を必然的なものとして考えるということである。「このことは、ヴォルテール風のシニシズムを規定している。ヴォルテールは、神は人間を礼節あるものとして維持するために非常に必要な発明であるということを理解させてくれる」[22]。社会はみせかけによってはじめて成立しているのであり、「このことは、抑圧なき社会、同一化なき社会、とりわけ因習（ルーチン）なき社会は存在しない、ということを意味している。因習は本質的なものである」[23]。因習とは、言い換えればしきたりであり、社会のなかで地位を占める伝統のことである。よく言われることだが、各々は自分自身に固有の言

（20）*Ibid.*, p. 110.
（21）訳注：Benny Lévy 晩年のサルトルの秘書を務めたフランスの哲学者。ピエール・ヴィクトールは偽名。
（22）*Ibid.*, p. 112.
（23）*Ibid.*

語を語っているのに、コミュニケーションをとることができ、お互いを理解することができるということは、実に驚くべきことである。精神分析はこの点について、シニフィアンとシニフィエの分離を強調する。つまり、ひとは何かが語られているときにそこで言われていることを真に知ることは決してない。それは分析においてすみやかに発見されたことである。あらゆる分析経験は、最後には「まさにそれだ！」と言うことになり、真に語ることを欲していたことを理解することできるように進行する。

シニフィアンはシニフィエを決定する。意味作用の効果、シニフィエの生産という効果を得るためには、少なくとも二つのシニフィアンが隠喩あるいは換喩によって結合されることが必要である。語り parole のなかでは、シニフィアンの下でシニフィエが持続的に横滑りしており、そしてシニフィエの上でシニフィアンが持続的に横滑りしている。それゆえ、隠喩と換喩はシニフィアンの主要な法則であり、その法則のなかに主体が書き込まれるのである。直接的な参照点がないがゆえに、シニフィアンはシニフィエの上を止まることなく横滑りする。そのため、究極的には、ある語は固定された何かを決して指示することがない。「因習をもち、道を示すことができるある共同体がなければ、それが何を意味するのかもわからないだろう。シニフィエに同じ意味を保たせるのは、因習である。私たちを安定化させ、支えることを可能にするのは、私たちの先入観である」[24]。

精神分析臨床において発見されるシニフィアンとシニフィエの分離（シニフィアンには常に複数の意味を与えることが可能であるという事実。例えば「天使である être ange（エートル・アンジュ）」に「奇妙な étrange（エトランジュ）」という響きを聞き取ることが可能である）は、政治的保守主義を正当化することが可能である。シニフィアンとシニフィエのあいだの縫合を決定づけるのは、共同体にほかならないのである。この縫合は、つねに人為的かつ独裁的な選択によってなされたものである必要があり、さらには不変のものでありつづける必要がある。「進歩主義など問題外だ」、しかしむしろ「享楽のリベラリズム」と名付けられる少々独特な快楽主義が存在する。都市の因習や法や伝統を手つかずのままに保持しなければならない、そして、社会秩序にとって必要不可欠な蒙昧さが存在すると考えなければならないのである。「立ててはいけない問いがある。社会という亀を仰向けにひっくり返してしまえば、あなた方は足を使って立ち直ることはもはやできなくなるのである」[25]。

（24）*Ibid.*
（25）*Ibid.*, p. 115.

文化における現実的袋小路

私たちの文明の現在の袋小路たる差別、レイシズムの拡大、民主主義的な平準化、何でも数値化〔＝評価〕しようとする文化、数字の崇拝（この辺りで止めておこう）は、ミレールにとっては「科学のディスクール」から発生しているものである。科学は普遍的法則を見出すことを自らの理想として目標としており、もはやいかなる主体性からも独立している。それゆえ、科学的経験は誰が実験を行ったとしても、（その実験が規定するプロトコルが正しいものであったならば）まったく同一のものが再生産されるはずである。二人の実験施行者のあいだの差異が、実験の進展に干渉してはならないのである。このような実験の方法は古代と現代のあいだの句切りをなすと考えることができる。錬金術師は特定の秘儀伝授を行っていたはずであり、その独特の主体の性質が本質的なやり方をもたらしていた。錬金術師の現代版とも言いうる化学者は、主体の排除を行っている。主体はまったくものの数に入らないものとして排除されているようである。実験施行者の「質」や彼の独特の主体性、彼の固有の特徴はほとんど重要ではない。それは、純粋な客観性に達することが理想とされているからである。

アラン・バディウのような今日の超プラトン主義の哲学者が「対象なき主体 sujet sans

objet」を理想としているとすれば、科学はむしろ「主体なき対象〔＝主観なき客観〕objet sans le sujet」を望んでいると言える。それゆえ科学は、すべてを平準化し、それぞれを規範に適合させ、皆に同じものを同じ方法で享楽させるようにする傾向をもっている、とミレールは言う。「この新たな普遍的なものの享楽は、科学のディスクールによって吹き込まれたものである。なぜなら、科学のディスクールでは、ある人にとって価値のあるものは他の人にも価値があると言うことが可能であり、普遍主義者の情熱と平等主義の情熱は科学のディスクールの産物だからである。社会秩序に関する科学的理性の要請を捨てさせることは、確かに非常に危険ではある」[26]。実際、皆が同じ「享楽するモード」を受け入れることを目的として、享楽を普遍化しようとするのなら、強情な人間を排除することが必要となる。私たちの方法で享楽することを理解しないような人物は「野蛮人」となる。こうしてレイシズムの春が到来し、それは科学の進展のためだ、ということにすらなる。科学による詳細な識別可能性が増えれば増えるほど、社会には差別が蔓延することになる。

科学的ディスクールは、社会の変形に関して、科学技術偏重的、楽天主義的なヴィジョ

（26）*Ibid*., p. 112.

ンをもたらした。「それ〈科学的ディスクール〉が私たちに与えてくれたのは、サン・シモン派、オーギュスト・コント、社会的技術者たちである。彼らは、社会がより進歩し、人類にとってより有益になるようにする理想的な善を見つけることに専心している」(27)。今日においてそれを引き継いでいるのは市場である。欠如、すなわち享楽の欠如によって社会の中で消費者として生み出されることはもはや問題ではない。主体は充実した享楽を運んできてくれそうな対象を探し、その欠如を幻影的に埋めることに疲れきっている。促進されているのは、「即効性の」満足の対象が生産され、享楽の満たし得ぬ欠如が生産されるということである。主体に快楽を手に入れさせることだけに役立つような自己調節的な知が市場に提供されている。調節と「見えざる手」は、そのせいで不公平や秩序の混乱がもたらされているにもかかわらず、私たちにとって善いものだと想定されている。それは、事実上の新たな「〈知〉を想定された〈主体〉」である。この〈主体〉はあいまいなままである。というのも、その効果を確認することができたとしても、それがどのように働くのかを理解できないからである。「実際のところ、それは現代の新たな神の導きなのである」(28)。

　こういった享楽の際限のない追求、すなわち、何が何でも享楽するという真の現代的命令は、フロイトの時代よりもより深刻な居心地悪さの源泉となっている。市場は享楽のために諸々の対象を課す。すなわち、すべての人が、同じものを同時に享楽しなければならないのである。ミレールは、〔市場の機能と〕分析経験を比較している。分析経験は、それに参加する人にとっては、根源的な例外となり、他の誰とも似ていない特異性を実現することを可能にする。「民主主義的な平準化は、おそらく非常に美しいものではあるが、例外のエロティシズムの代わりにはならない」[29]。ここでも再び、みせかけをしかるべき場所におかねばならない、つまり「それを用いるという条件でそれなしですます〔＝それを用いるという条件でそれをやりすごす〕s'en passer à condition de s'en servir」ことが必要だということが分かる。

欲望は政治へと回帰するのか？

それまで公衆の場面に出ることを控えることを習慣としていたミレールは、二〇〇〇年代の初めにその習慣をやめている。それは、認知主義に対する真の戦いを率いるため

(27) *Ibid.*
(28) *Ibid.*, p. 118.
(29) *Ibid.*

である。「幸せに生きるためには、隠れて生きることだ。これが精神分析家の標語であった。しかしこの標語はもはや維持できない。自分の縄張りのなかに閉じこもることは、実際には精神分析にとって耐え難いことである。というのも、まったく単純なことに、縄張りなどもはや存在しないからである。要するに、精神分析は公衆の議論に参加せずに済ますことはできないのである」(30)。今日の時代の流れは、精神分析を時代遅れのものとして根絶しようとしている。それはとりわけ精神分析が、認知行動療法のような迅速で効率的な効果をもたないからである。ミレールは数々のフォーラムを組織することに取り組んでいる。彼はそのフォーラムの場で「欲望は政治に回帰する」と宣言している。ラカン的政治にできることがほんの少ししかなくとも、このまさしく政治的な戦いを展開しようというのである。これはどう見ても戦闘的態度への回帰であるが、今度は〔革命のためではなく〕フロイトの大義を守るためのものである。

　現在のところ、ミレールは正真正銘の「イデオロギー闘争」に没頭している。その戦争は「一方では、人間存在をあらゆる側面から支配することをますます要求する数値至上主義者や認知主義者に対峙するものであり、他方では、いたるところにみられる数量化を前にして服従している人々にも対峙するものである。数字への熱狂は科学ではない。それは科学のグロテスクなしかめっ面である」[31]。数字の独裁と数値化の文化は、測定可能ではないものや経験的に観察可能ではないものを存在しないも同然のものとして扱う。このようなイデオロギーの背景において、人々を管理する意志が増大していく。歴史上はじめてのことであるが、人々のメンタルヘルスを管理しようとする意志が登場したのである。「メンタルヘルス」という考えがどのような点で問題なのかを私たちはすでに確認してきた。それは、メンタルヘルスという考えが、精神現象の分野には健康で良い状態を定義する規範が存在するということを含んでいるからである。これは認知主義の欺瞞である。「言い換えるなら、認知主義とは、人間は情報を取り扱う機械と類似したものである、という信念のこと」[32]であり、この認知主義には精神分析へのまぎれもない攻撃が随伴している。ある意味では、認知主義は、主体の性格や特徴や人格を頭蓋骨の観察と測定によって決定するガルの骨相学への回帰である。

それゆえ認知主義は、思惟を延長と同等に扱う通俗的な唯物論である。認知主義は、測

（30）*Libération*, 19 janvier 2008.
（31）*Ibid.*
（32）*Ibid.*

定の目録と統計学的操作によってそれを成し遂げることができると考えている。労働者を評価して生産性をあげるためにはどうすれば良いかについてはよく知られている。会社のなかで「監査」を行い、労働者を実験室のモルモットとして観察し、それぞれの労働者の行動をつぶさに記述すればいいのである。最終的に、もっとも生産量の多かった労働者の特徴を抽出すればよい。そして、この特徴を規範とする以外はありえないのだから、それを全労働者に押しつければいいのである。賃金生活者は鋳型の中に押し込められ、与えられた仕事に向くように仕立てあげられる。しかし、これでは彼らの特異性や独創性が奪われてしまう。「もはや自発性など存在しな」くなるわけである。認知主義は、人口における メンタルヘルス分野に関して同じことを行っている。「この〔メンタルヘルスの〕視点にとっては、魂に数字を吐き出させることが重要なのである。数字がよければ何でもよいということになる。行動、アンケート調査でマークされた項目の数、身体の運動、分泌、ニューロン、磁気共鳴〔＝ＭＲＩ〕で得られる色などである。苦心してつくられ集められたデータは、いわゆる心的プロセスと類似したものとされる。しかしその心的プロセスにはまったく実体がなく、思考を指でなぞったと空想しているにすぎない。簡潔に言えば、数字であらわすことによって科学的な雰囲気を漂わせてはいるが、支離滅裂なことを言っているにすぎないのである。こういった流行のディスクールには、がらくたのようなメタファーが浸透している。機械を生産し操作しているうちに、現代人は自分がその機械のひとつであると想像することを好むようになっている」[33]。

ミレールはさらに先に進む。認知主義は新たな存在論、つまり存在を考える新たな方法である。もしこの存在論がいとも簡単に流布し、非常に大きな賛同が得られているとすれば、それはその存在論が私たちの西洋文明の布置に類似しているからである。「この存在論は非常に深い何か、存在論的な変動、存在に対する私たちの関係の変形を表現している」。数字が存在の保障となるのである。「精神分析も数字〔＝暗号〕の上に立脚している。しかしそれは暗号で書かれたメッセージ message chiffré という意味においてである。精神分析はパロールのあいまいさを活用するのである」[34]。

精神分析が対決している暗号〔＝数字〕は、ひとつの鍵として考えるべきものである。情報処理においてパスワードを符号化する際のやり方を思い浮かべてもよい。そのパスワードを復号化する複雑なアルゴリズムは秘密として守られており、それなしにはそのパ

（33）*Ibid.*
（34）*Ibid.*

スワードを解読することができないようになっている。同様に、第二次世界大戦のときの数学者は、敵がメッセージを暗号化することができるコードを無効化することに尽力したのであった。それとは反対に、現代の実証主義者を受肉している認知主義者にとっては、数字〔＝暗号〕は単なる統計学的相関関係の結果にすぎない。数字〔＝暗号〕は透明であり、横断面のデータを一義的に明示してくれるものとみなされている。この理由から、精神分析は「認知主義に対立している。精神分析は認知主義には我慢ができないのである」[35]。実証主義者にとって現実を量的な方法で反映しているようにみえているものの中に、精神分析は謎めいたものを導入する。精神分析は、計測されるものがすべてであるような場所のなかに隠れてしまう科学万能主義を告発する。この意味で、ミレールが弁護している精神分析は、人間科学において優勢なイデオロギーを真に転覆するものなのである。

(35) *Ibid.*

第四章　現実界に向かって

過去一五年のあいだ、ジャック＝アラン・ミレールは分析理論に大きく貢献してきた。その貢献のひとつは、ジャック・ラカンの教えからその最後期の部分を取り出し、それを提示したことである。この作業は、ミレールがそれまで構築してきたものすべてを問い直す方向に進んでいった。「これこそが、まさにラカン対ラカンである」とミレールは語っている。ラカンの「最後期の教え」を真面目に受け取る者は少ない。師ラカンは晩年に妄想すれすれの結び目遊びを行うことでダメになってしまったのだと考える者も少なくない。そのように考える人々は、「後期ラカン」という駄作にわざわざ手間をかけたりはしない。もっとも、ミレールがこの最後期のラカンの教えを真面目に受け取った唯一の人物であるというわけではない。しかし彼は、一種の新たな精神分析実践をラカンの最後期の教えから導きだした。ラカンの著作の最後の部分をつかみ、それを整理することなしには、だれも（あるいはほとんどの人間が）そこから大したことは理解できない、と言わねばならないだろう。

実際、ミレールは最後期のラカンを引き合いに出して、精神分析に現実界へと向かう方向性を与えたのである。彼は、現実界へと舵をとったのだ。それは、いったいどういうことだろうか？　精神分析に固有の現実界を提示し、「それを現前させ、可視化させ、触れられるようにして、操作可能にする」[1]ということである。それはもはや、みせかけ——想像界や象徴界——を組み立てるだけではないのだ。ラカンは臨床における位置標定のために想像的なもの、象徴的なもの、現実的なものというカテゴリーを発明した。この三つは三位一体を構成し、それぞれの三つの秩序はお互いに結び合わされている。想像界は意味の領域に属するあらゆるものであり、象徴界は構造であり、現実界はこの二つの秩序から逃れるあらゆるものである。象徴的システムのなかでは、現実界を理解することもつかむこともできない。現実界はみせかけのほうに逃れるのであり、だからこそ現実界に訴えることが必要なのである。この現実界へと向かう方向性は、神経症、精神病、倒錯という古典的な疾患分類を部分的に問い直す。そして、より一般的な理論のなかにその古典的な疾患分類を包摂するような新たなカテゴリー分けが与えられることを私たちは確認するだろう。現実界に焦点を当てることによって、後期ラカンがそうしたように、享楽するものとしての身体を前面に押し出すことへ向かうこととなる。これは、思考の歴史のなかでは前代未聞の実体を導入することに等しい。その実体とは、哲学が思考しないものであり、精神分析に固有のもの、すなわち享楽である。

精神分析のパラダイムの変化

ラカンは、フロイトの翻訳[2]をした後に、フロイトの思考のジャングルを「フランス風庭園」へと仕立て上げ、より抽象的な構造論的理論を構築した。しかし最終的には、その理論を解消するに至ったのかもしれない。これは「液体状精神分析 psychanalyse liquide」

（1）« Le réel est sans loi », *Revue de la Cause freudienne*, n°49, 2001, p. 8.

（2）訳注：フロイトの「嫉妬、パラノイア、同性愛に見られる若干の神経症的機制について」のラカンによる仏語訳のこと。Cf. Freud, S. De quelques mécanismes névrotiques dans la jalousie, la paranoïa et l'homosexualité. *Revue française de psychanalyse*, 1932, tome V, n°3, pp. 391-401.

への移行である。実際、象徴的なものというカテゴリーは、「〔象徴界の〕優位から〔象徴界の〕転落へ de la suprématie au ravalement」と移行させられている。[3] 長い間、パロールは「救済」の唯一の道であり、その目標は「満ちたパロール parole pleine」を手に入れることであった。しかし、「〔ラカンの後期の教えでは、パロールは〕寄生的であり、癌や感染や汚染のような価値づけ」[4]をほどこされるようになった。そこには、たしかに「意味の転落」がみてとれる。

ミレールが精神分析のこのような完全な方向転換を行ったのは、二〇〇〇〜二〇〇一年の講義『場と紐帯 Le lieu et le lien』においてである。その際に彼は、後期ラカンの読解から取り出してきた「現実界は法のないものである le réel est sans loi」[5]というテーゼを前面に出している。ミレールによる後期ラカンの読解のもとでは、無意識という概念すら影響を受けざるを得ない。それ以来、知と現実界は分離される。別の言葉でいうなら、もはや現実界における知が存在するとは考えられなくなる。現実界は小さな文字という形式の下では、つまり数学的形式の下では、もはや書かれることができないものであるとされるのである。そのうえ、「理性的なものすべては現実的であり、現実的なものすべては理性的である」と考えられることも止められる。こうして、私たちは精神分析の概念すべてをまったく新たに再考することが必要となる。ミレールの用語に従うならば、おそらくラカンはその人生の最期まで「ラカン対ラカン」を行いつづけた孤独な思想家の一人である。つまりラカンは、自らが行った教えをすべて脱構築するほどにまで、自らの「教義」を文字通り爆発させたのである。

それ以来、現実界へと向かう、すなわち「現実界を好む(6)」方向性が生まれる。それは、精神分析をすべての意味作用を超えたところにある意味の外の領域に据え付けるものである。よく信じられているのとは異なり、分析を行うときには意味を見出したり、解読したりすることが重要なわけではないということをミレールは明らかにするだろう。過去の心的外傷を再構成するために、心的外傷の調査を行うのでもない。ファンタスムを自分の骨へと還元し、分析主体がそこに〔自分の人生の〕公理を見ることを受け入れ、ファンタスムを横断するようにするわけでもない。象徴界や意味、知を放棄し、生ける者に固有の享

(3) *Ibid.*
(4) *Ibid.*
(5) *Ibid.*
(6) *Ibid.*, p. 10.

楽を、すなわち欲動の現実界を受け入れることこそが重要なのである。それは「知の労作に挑むという限りでの、現実界のパラダイムである」[7]。すぐさま予想されるとおり、このことはあらゆる臨床と分析の実践に影響を与えるし、分析経験を導く方法それ自体にも影響を与える。というのも、分析は古典的には解釈の上に、つまりメッセージを解読して意味を生み出させることの上に立脚していたのであるが、そういった分析の位置が根底から変化するであろうことが明白だからである。それ以降、法の外、意味の外が強調されるのである。それ以降、目指されるのは非合理な〔＝常軌を逸した〕もの insensé である。

意味と現実界を分けること

現実界と意味のあいだには還元不可能な隔たりがある。この隔たりはラカンの最後の教えに現れるものであり、真理についての新しい構想をその拠り所としている。「ラカンが精神分析の探求を真理の探究として定義するのとまさに同時に、真理は虚構の構造をもっていると言うことができた理由がここにある。そのときのラカンは、現実界とは混同されないような範疇において真理を扱っているのである。真理と意味が事実の秩序に属するのではないのはそのためである」[8]。精神分析がいかにあらゆる論理実証主義とも相容れないかがここから分かるだろう。精神分析では、言葉はもはや事実を描写するものではなく、現実界はシニフィアンや概念、あるいは構造による捕捉から完全に逃れるものである。現実界は、想像されることも知覚されることもできない。現実界と意味のあいだには裂開 clivage があり、シニフィエそのものはシニフィアンとは切り離されていると言うことができる。ひとつの形式やひとつの音の響きが、ものごとのすべての意味を一度限りで決定的に固定してしまうということは決してない。象徴界に向けられていたかつての分析の方向性では、隠喩と換喩の軸に従って行われる、シニフィアンによるシニフィエの重層決定がいまだ強調されていた。隠喩はそこで意味を与える、意味の生産者である。他方、換喩はシニフィアンが横滑りをつづけることによって複数の意味をもつことを可能にするものである。症状は隠喩と関係し、暗号で書かれたものである。欲望はすぐれて換喩的なものであり、ある対象から別の対象へと終わりなく横滑りしていくものであった。

他方〔＝精神分析の新しいパラダイム〕では、「意味論的切断 coupure sémantique」が導入されていることを観察することができる。「究極的には、シニフィエや意味はシニフィ

（7）*Ibid.*

（8）« L'appareil à psychanalyser », *Quarto* n°64, 1998, p. 9.

アンの物質性とは何の関係もない。もし、意味と現実界の差異を伝達するこの意味論的切断を受け入れるならば、実際、意味と現実界の二つのあいだには、構造のうちに共通のものが一切ないということが気づかれる」[9]。意味論的秩序のなかでは、諸々の単位に細かく切断することは問題ではない。そこでは私たちはつねに連続体と関わっているのである。「みせかけをつくるのでなければ、意味論的要素の中で切断を行うことは決してできない。物事を見えにくくするものはつねに数多く存在し、理解とは最終的には満足の問題でしかない」[10]。もしシニフィアンがシニフィエにくっつき、意味を産みだすことができると信じることができるとしても、そんなものは虚構ないし人工物にすぎない。もはや、シニフィアンとシニフィエは根源的に分け隔てられていると考えなければならない。このことは、常識に対する、そして実証主義の立場に対する、まったくの転覆となるであろう。意味はもはや現実的な参照項の上に立脚してはおらず、それは人工物にほかならない。所与の共同体がある意味について同意しているという理由だけで、「常識（＝共通の意味）」と名付けられる善が存在することが可能となる。ある表現の意味が歴史のなかで変化し、ときには二世紀もあればその間にまったく反対のことを意味してしまうようになることがあるのはそのためである。

物が名前をもつという幻影を養っているのは、ある機能である。ラカンはそれを「〈父の名〉Nom-du-père」と名付けた。父の名とは、諸々の名の父〔＝名を産みだすもの〕の代わりをする機能のことである。この機能は、意味と現実界をつなぎ合わせる。この機能は、西洋社会では象徴的機能が父の機能と同一視されている、というラカンの観察から由来するものである。主体を言語の法にくくりつけることができるのは、この機能である（ただし、この法は、通常理解されるようなものとしての〔＝実定法としての〕〈法〉ではない）。しかし、ラカンはこの「〈父の名〉」の機能には満足できなかったのである。

この同じ機能はシニフィアンにシニフィエを結びつけることを可能にするが、ラカンはこの機能のなかに、彼がディスクールの構造と呼ぶものを見てとっている。「ひとがディスクールのなかにいるときには、シニフィアンとシニフィエはつり合いがとれているが、最終的には、その根は社会的紐帯である。共に生きること、そして語り合うことによって、シニフィアンとシニフィエのつり合いがとられるのである」[11]。例えば、本はページが進む

（9）*Ibid.*
（10）*Ibid.*
（11）*Ibid.*

につれて意味が明瞭になり、最後のページになれば、その本について、つねにより良い理解がもたらされる――本書についてもそうであればよいのだが。別の言葉で言えば、理解、そしてシニフィアンとシニフィエの一致、意味と現実界の一致は、共同体に関わる事柄なのである。第二期のウィトゲンシュタインがそう言ったように、理解されるためには、実践を共有し、そして生の形式を共有しなければならないのである。

それゆえ、シニフィアンとシニフィエのあいだに隔たりがあるのと同様に、意味と現実界のあいだにも隔たりがある。ところで、分析経験は、私たちが見てきたように、みせかけ（自らの外部に参照物をもたないもの）の上に立脚している。このことは次のような問題を提起する。分析家が患者に対して生み出すことのできるような最終的な意味が存在せず、主体に与えられる究極の意味をもつような解読されるべきメッセージも存在しないとすれば、最終的に、患者の同一性と欲望に関して立てられる問いに対する答えはどうなるのか？　精神分析に与えられたこの新しいパースペクティヴでは、分析家には何が残っているだろうか？「ある意味では、それは精神分析が詐欺であるかどうか、という問題である。もっとも、ある日ラカンはそのことを考えたことがある。彼は次のように言っている。精神分析はひとつの詐欺である、と」(12)。それゆえ、ここには真の問題がある。それは、現実界と意味のアンチノミーの問いを取り巻く問題である。どんなものもそれ自体では意味をもっていないということ、パロールは「猫がごろごろと喉を鳴らしている」程度のものにほかならないということ、私たちが語るのは享楽するためであるということ、生は意味を持たないということを、分析された主体は単に理解しているべきなのだろうか？　少なくとも、それは精神分析についての悲劇的な見方であろう。

もし現実界が意味を完全に除外したとしても、それでもなおひとつの例外がある。それは症状である。「症状は、現実界において意味を持ちつづけるまさに唯一のものである」(13)。現在に至るまで、みせかけとともに〔分析〕作業を行ってきた分析家は、現実界を再び見出さなければならない。そして、この現実界に到達することは、症状によって可能になるのである。このパースペクティヴでは、症状は現実界における知の欠如を補填するものであると言えよう。身体に対するシニフィアンの影響力を理解させてくれるのは、非常に個別的な症状である。症状は、主体がもつもっとも現実的なものとなり、その固有の享楽するモードとなる。症状は、つねに偶然的で危険な出会いによって構成されうるものでしかな

(12) *Ibid*., p. 14.
(13) *Ibid*.

い。「各々にとって、ひとつの出会いがある。その出会いは諸々の存在との出会いであったり、語との出会い、ある結びつきとの出会いであったりする。これが、享楽するモードを条件づけているのである」(14)。意味を現実界から引きはがすとすれば、そして現実界のなかに書かれていることが見出しうるような知が一切存在しないと考えるならば、「かつて考えられていた」無意識の相互伝達的なモデルから離脱することになる、ということを思い出しておこう。無意識はもはやメッセージを生み出さない。無意識はもはや、主体が知らないであろうメッセージを一切包み隠していない。それは欲動に固有の水準において、享楽の配置の水準において再び見出されるのである。

シニフィカシオンから享楽へ

一九九〇年代から二〇〇〇年代初頭にかけて、ミレールは症状に関する考え方を刷新し、症状の満足の様相を明らかにすることに専念した。そこでは、症状を「シニフィカシオンの到来 avènement de signification」とするよりも、むしろ「身体の出来事 événement de corps」とすることが重要となる。このことは、実践において大きな重要性をもつ。とりわけ、解釈に関わる事柄においてはそうである。実際に症状の意味を解読すること、そしてその意味を患者に与えることは、もはや問題ではない。症状はすぐれて身体に関連する局面、つまり純粋な享楽の側面をもっている。「意味の生産者としての言語のメカニズムにはもはや重要性は与えられない。しかし、それ以来、無頭なもの、意味の外部のものとしての欲動が強調される」[15]。これは精神分析にとって前例のない転回であり、それはラカンの後期の教えを考慮に入れることによってのみ可能となる。ラカンの言語学的な構造主義は、いずれにせよ放棄されている。お互いに引き離されていた症状とファンタスムは、両者が結合したものへと移行する。〔症状とファンタスムの〕二元論から、〔症状=サントームの〕一元論への移行がなされるのである。症状はシニフィカシオンの主な支えであったが、他方でファンタスムは満足に関係していたことが思い出される。しかし今となっては、シニフィカシオンそのものの中で満足をつかむことが問題となっている。「ラカンの後期の教えが示す方向性は、結局のところ、シニフィカシオンと満足の二元論よりも圧倒的に優れた試みである。言い換えれば、その方向性は、シニフィカシオンと満足のあい

(14) *Ibid.*
(15) *Ibid.*

だの等価性を打ち立てているのである。これこそが、享楽 jouissance という語が、享（たの）しむこと joui と意味 sens の二つに分解されるという機知がもつ価値である」(16)。そして、これこそが、症状とファンタスムを結合するために作り上げられたサントームという概念なのである。

身体の出来事

「最後期ラカン」の見地からは、症状は次のように再定義することができる――「私〔＝ミレール〕が推し進めている身体の出来事としての症状の定義は、必然的に、そして不可避的に、症状は享楽として構成されているも同然である、ということである」(17)。それ以降、症状は主として享楽であり、欲動の代理的満足である。「症状が欲動の満足という意味での享楽であるということと同様に、享楽は身体を通過するものであり、それは形式としての身体、あるいはむしろ様式 modalité としての身体、生のモードとしての身体なしには考えられない」(18)。なぜ症状が「身体の出来事」として定義されるのかを理解することができるだろう。この定義は、「シニフィカシオンの到来」としての症状に反対することを可能にする。この〔身体の出来事として症状を定義する〕立場は、解釈をより問題含みのものにする。というのも、症状はもはや解読されるべき隠喩ではないからである。「身体の出来事」としての症状は、享楽に関係している。そして、この享楽は意味の外部の現実界であり、それはシニフィアンの構造それ自体から逃れさるものなのである。

こういった症状は、無意識を「購読停止した désabonné」主体に関わる。その症状は、もはや無意識の形成物ではないのである。私たちは、意味の側では、大いに可変的で想定されたものにすぎない知をもっている。他方、享楽の側では、私たちは身体の出来事をもっている。ふつう「症状」と呼ばれているものは無意識の形成物であり、徹頭徹尾シニフィアン的なものである。ミレールが私たちに言うところによれば、ラカンが「サントーム sinthome」と書くようになるものは、無意識の形成物ではなく、現実界に向かって方向づけられた分析の最後の時点における症状の残余物である。サントームは、もはやいかなる暗号化された意味作用をも包み隠してはおらず、もはや無頭の享楽するモードにほかならない。それは分析経験の果てに、最後になって現れる症状である。それは治らないも

(16) « Biologie lacanienne et événement de corps », *Revue de la Cause freudienne*, n°44, 2000, p. 23.
(17) *Ibid.*, p. 18.
(18) *Ibid.*

のであり、現実界を内包するものである。そして、症状に固有の享楽だけを指し示すものである。その享楽は、まさに意味を除外しているため、主体に対しては不透明なままの享楽である。そのため、その享楽を語る語は存在せず、それを書く形式すら存在しない。

分析的装置のなかに入る〔分析を始める〕ときの症状、と呼べる症状も存在する。それはシニフィアン的な分節化〔を経た症状〕である。〔分析に〕入るときの症状は、現実界のなかの知に結びついている。分析経験はその症状の除去を成し遂げることができるが、しかしこの除去は完全なものでは決してない。無意識の探検の時期、および無意識の形成物が産出される時期があり、症状はその時期には意味をもち、解読されうる。ただし、そこには残余がある。それは、サントームの特異的なものであり、エスはそこにおいては誰に対しても語らない。エスは、こう言ってよければ、ひとりきりで欲動の純粋な満足をねらって語る。エスは、あらゆる相互伝達的なねらいの手前において語るのである。

それ以来、分析が目指すのは、無意識を解釈し解読することが問題になるような無意識のディスクールを超えたところであり、より根底的な何かである。つまり、分析は、「私たちを右へ左へと追い立てている諸々の偶然」[19]を丸裸にし、すばやく復元しようと努力しているのである。私たちは、私たちの運命に烙印を押す諸々の出来事を体験している。その出来事を再び自分のものとすることが必要であり、それらの出来事から生じたこと、私たちの人生における句切りをマッピングしなければならない。こうして、すべては「なぜそうなったのか?」という問いかけが通用しない偶発的なものにほかならないことが気づかれるようになる。

現実的無意識

ラカンは、構造主義と言語学を利用することによって、フロイトの無意識が「言語のように構造化されている」ことを示していた。このテーゼは、有名なものとして今も残っている。しかし、ラカン自身はこの立場に留まりはしなかった。以来、象徴的な無意識、つまりフロイトの「転移的無意識 inconscient transférentiel」の他に、「現実的無意識 inconscient réel」を私たちはもっているのである。この現実的無意識は、いわばある種の遡及的な効果によって、ラカン的無意識と名付けることができる。

フロイト的無意識は言語のように構造化されている。それは象徴的なものであり、無意

(19) « Nous sommes poussés par des hasards à droite et à gauche », *Revue de la Cause freudienne*, n°71, 2009, p. 71.

識 - 構造〔＝構造としての無意識〕である。フロイト的無意識はメッセージを秘蔵しているが、そのメッセージはメッセージを運ぶ主体に対しては暗号化されている。解釈という間接的な手段によって、このメッセージに意味を与え、それを解読することができる。しかし、ここまで見てきたように、この解釈はどこかで行き詰りを迎える。ある意味は別の意味に横滑りし、そこには意味の停止を可能にする装置がない。いずれにせよ、それは分析を解釈学的なもの、解釈の科学とみなす構想である。症状は、たしかに象徴的な側面を含んでおり、ある部分では暗号化されたメッセージをもってはいる。しかし、他方では症状は、それ自体では意味をもたない享楽の側面をもっているのである。そこにはひとつの現実界が、意味の外側にある何ものかが、非合理で無構造的な何ものかが存在する。これこそが、ラカンが話存在 parlêtre と呼ぶことによって完成させたものである。ラカンにとって、話存在は無意識の新しい名前である。それは、言ってみれば、現実的無意識に与えられた名前なのである。

分析経験が象徴界によって方向づけられていたときには、真理は象徴界から抽出されるものであった。ひとびとは私たちの症状や夢、失策行為、言い間違いのなかに意味を見出そうとしていた。〔分析の〕プロセスの最後には、この真理からひとつの知が構成されると考えられ、それを伝達することが目的とされていた。私たちの経験を決定づけていたもの、また決定づけているものを、そこに認めることすら可能であった。しかし、真理のすべてが偽りのものでありうるという事実に、袋小路があった。シニフィアンに対してシニフィエや意味が与えられるためには、これまで見てきたように、私たちが属する共同体によって与えられる同意が必要なのだから、象徴秩序のなかではすべてはみせかけである。それゆえ、シニフィアンとシニフィエのあいだを、あるいは語と意味のあいだを接近させ、決定的なものとし、一度ですべてを固定化してしまうことができるものなど一切存在しない。このことに関しては、辞書がよい例を提供してくれる。というのも、辞書は所与のある歴史的時期のなかで使われた語の意味を固定化するものだからである。すべての真理は虚構の構造をもっており、語の単純な使用法によって現実的な参照点に到達することは私たちには不可能である。こういった語は、つねにある意味から他の意味へと横滑りする。しかし、現実的無意識に向かう方向性のなかでは、これとはまったく異なることが問題となる。意味を離脱したシニフィアン、何も意味しないにもかかわらず、私たちの享楽の領域に属する何かを、現実界の領域に属する何かを固定させてくれるような語を見出すことが問題となるのである。

分析経験の途上において、分析主体は、意味の情熱によって動かされる時期を体験する。〔その時期の〕分析主体は、自分に対して隠されていると彼自身が信じるところの仮定的な真理を探す。この〔自分に対して何かが隠されているという〕前提から出発すると、あらゆることが分析主体にとって意味をもつようになる。分析主体は、自分の夢や言い間違い、無意識の形成物を解読する。その無意識の形成物は、分析主体が自分と一緒に連れ歩いているものであり、彼をありとあらゆる方向へと連れて行く。分析主体は、自分の言語の中の曖昧な表現の意味を固定しようとする。しかしこの情熱はあまりパッとしない結果に終わる。すべてを解読しようとする意志の側が干上がってしまうのである。こうして、何かを意味するパロールから、純粋な駄弁 bla-bla としてのパロールへの移行が起こる。この駄弁は、猫が喉をごろごろならす音のように、何も意味しないが、語る者に対して単に享楽することを可能にする。人々は語ることを享楽している、そしてその享楽は身体の水準で生じている。「フロイト的なものとしての無意識は、意味をもち、解釈される無意識である。しかし、意味や解釈は現実界の用語においては根絶される」[20]。ここで問われている現実界は、「迷宮、渦巻、混乱と呼ばれる現実界であり、分析における探求はそこから生じている」[21]。

ラカンにおいて、象徴界のパラダイムが衰退に向かうのは、意味の外部の現実界の近くへと赴くためである。これは、分析経験そのものの過程で生じることを表現してもいる。無意識が言語のように構造化されているというテーゼは、それがもはや通用しないものになるときまでは無効化されない。つまり、象徴的無意識についての作業は、もはや経験の一契機にすぎないのだ、ということが理解されなければならない。ラカンは〔象徴的無意識から現実的無意識へと〕パラダイムを変更したが、以前のパラダイムを消し去ったのではなく、むしろ以前のパラダイムをも包括しているのである（これはちょうど、アインシュタインの一般相対性理論が、ニュートンの重力の理論を無効で時代遅れなものにするわけではまったくないということと似ている。一般相対性理論は、重力の理論を包括し、それをもっと先まで発展させることを可能にする）。

分析経験は、現実界に向かうこういった方向性のなかで、もっと先まで推し進められる。解釈の位置づけもそこから変化することになる。分析家の実践も、もはや以前と同じままではなくなる。分析家は、当然予想される事柄、分析の終わりにおけるまったく異なる事

（20）« Tout le monde délire », *Revue de la Cause freudienne*, n°67, 2007, p. 134.
（21）*Ibid.*

柄について考察しなければならないのである。

精神分析的解釈についての新たな帰結

精神分析家の主な機能が解釈であることは変わらない。解釈は、疑いようもなく、分析家の欲望を構成するものである。象徴的な無意識、つまり言語のように構造化され、その固有の論理をもつ無意識は、分析主体の知らない知を運搬していることが重要であった。このことが、ある種の解釈を含意していた。つまり、解釈は何かを暴露するものであった。この観点からは、無意識は外部の場において先取りされているシニフィアンから構成されるディスクール、つまり家族や社会の空気の語らい(ディスクール)である。このシニフィアンの貯蔵庫は、つねに大他者からやってくるものであるが、無意識が必然的に形作る場でもある。この場はひとつの全体性を形成しており、私たちの欲望と享楽についての結論を語ることができるシニフィアンや、私たちの存在の究極の本質——私たちがそれであるような、主体の最終的な同一性——を言うことができるシニフィアンが存在するかのようにみせかけている。この鉱脈のなかでは、解釈とは、分析主体がそのシニフィアンにアクセスすることを援助することである。というのも、そのシニフィアンは分析主体を逃れるものであるため、それをたった独りで〔分析主体だけで〕読むことができるようにはならないからである。

そのため、〔象徴的無意識の時代には〕ソクラテス型の産婆術が重要なものとされていた。分析家は、ひとつの知（自らを真理であると称する知）を明るみに引き出すように手はずを整える、というわけである。この解釈の水準は、単に不完全な知における裂孔を修復することを目指している。それは、主体が「自らの歴史の検閲された章」[22]を再び自分のものにすることを可能にするのである。この検閲された章は、分析主体の知に穴 trou を穿っている。分析家は、患者に意味を提供し、症状だけでなくファンタスムも構成することができるようにする。他方、現実界へと向かう方向性では、まったく別のことが重要となる。その方向性では、精神分析が目指すものはもはや意味ではなく、意味の外部そのものである。〔象徴的無意識の時代に〕ソクラテスの産婆術の次に参照されたのは、ヘーゲルである。その際には、その参照の目的はまったく別のところにあった。つまり、承認 reconnaissance という問題系が重視されていたのである。自由連想における分析主体のパロールの流れのなかから、満ちたパロール parole pleine を取り出し、それを分析主体に承認させること

（22）訳注：Lacan, J., *Ecrits*. p. 259.

が重要とされていた。その満ちたパロールのなかでは、分析主体が十分に承認されるのである。分析主体が自らについて語るとき、分析主体は現実的に自分について語っていなければならない。そうすることによって、分析主体が最終的に真の欲望を承認することが可能になる。実際、ラカンにとっては、「人間の欲望は大他者の欲望」である。ラカンはアレクサンドル・コジェーヴによるヘーゲル読解を利用している。その読解では、主人と奴隷の弁証法、つまり純粋な威信をかけた死に至る闘争が中心となる。人は大他者の欲望を、大他者の承認を欲望する、とラカンは言う。そのときに目指されているのはこの承認であった。

しかし、こういったバージョンの解釈は、象徴的無意識に関わるものであり、分析主体が神託の価値を授かることをあてにしている。こういった解釈は、あるメッセージが存在し、そのメッセージが分析主体の言辞 dit を隠しているものについての手がかりを与えてくれることを示唆している。この「言辞」[23]は、主体にとって常にひとつの謎として現れる。神託それ自体が、ギリシアのピュティアの場合にすでにそうであったように、神託のメッセージを謎めいた形式のもとで生み出すものである。こういった解釈は意味の注入として機能するが、その意味は、それ自体としては曖昧である。実際、主体はそれを解読するように努力しなければならないのである。それゆえ、神託の形式をとるこういったタイプの解釈の曖昧さは、主体に一義的な意味を与えるには至らず、今度は主体が自分で分析家の解釈を解釈するように強いられることになる。これは、確かに〔分析作業の〕練り上げを行うように仕向けることであり、分析主体の側に作業をさせるものではある。しかし残念なことに、それはどこまでいっても袋小路にしか行きつかない作業である。たとえそれが〔分析〕経験に不可欠な契機であったとしても、そうなのである。

このような構想にもとづく解釈では、意味が注入されている。そして、無限に注釈を続けることができるがゆえに究極的な意味は存在しないことと同様に、決定的な真理がもつ何らかの価値を定めることはできない。可能な意味の複数性が存在するときには、真であるものは存在しないのである。真理はシニフィアンとその意味の効果によっては担われず、真理は意味の外部へと向かって、止まることなしに脱局在化される。この曖昧さはすべて、パロールが欺くものであるという事実、パロールがつねに他のやり方で聞き取られうるという事実を反映している。それでは、分析主体の思考を明確にするよりも、困惑の深みを

（23）訳注：アポロンの神託を授けたデルポイの巫女。

開いてしまうことすらある。

それゆえ、解釈の別の道、解釈の別のモードを探さなければならない。それは、意味の外部、享楽の現実界を目指す解釈である。その解釈は、もはや「意味作用の到来」を生産するためのものではなく、「身体の出来事」を生産するためのものである。現実的無意識があらわしているのはそのことである——すなわち、身体を、つまり身体に関する言語の効果を強調することである。人間は話存在という病 malade d'être parlant であり、それゆえそれ自体が自然に反するものである。人間はもはや自然の環境と調和してはいない。一人で放置された子どもは、誰にも語りかけることができず、すぐさま衰弱してしまうであろう。人間は、隣人とコミュニケーションをとるために言語を使っていると信じているが、しかし結局のところ、パロールはつねに自閉的なものである。話存在にあっては、シニフィアンは生ける者と結び合わされることになるが、すべてのパロールは享楽に仕えるものでしかない。現実的無意識とは象徴界に対する欲動的なものの優位であり、言語と構造に対する身体の優位である。

解釈の時代の終焉

ミレールは、解釈はもはやフロイトやラカンの時代のように行われるべきではないと考えている。ならば「今日の分析家は何を行うのか」という問いが発せられるが、ミレールはそれに答えることをためらわない。「分析家は語らない。解釈しない。黙っているのである」[24]。これは、解釈の必然的な衰退をある意味では促進している。しかし、これは少なくとも初歩的な読みであるため、この読みに留まっていてはいけない。ミレールにはよくあることだが、彼の主張や格言には複数の面があるのだ。分析家が黙っている、ということの意味は、分析家の沈黙が分析家をより一層現前させ、そして〔沈黙によって〕分析家が口にするいくつかの言葉がより一層の価値をもつようになるということである。マラルメに従って、「語り手の消滅」[25]と「沈黙した現前」[26]を想起することもできるだろう。しかし、分析家に沈黙を課すこの格言については、別の事柄を理解しなければならない。この主張を明確にするために、ミレールは「無意識は解釈する L'inconscient interprète」と述

(24) « Le plus-de-dire », *Revue de la Cause freudienne*, n°30, 1995, p. 5.
(25) *Ibid.*, p. 6.
(26) *Ibid.*

べている。この言葉を解説してみよう。まずは、精神分析における症状についてミレールが言っていることに立ち戻る必要がある。症状には、謎としての側面がある。つまり、症状は主体に書き込まれた暗号であって、分析家の手助けなしにはそれを読めるようにはならない。それゆえ症状は解釈学の対象であり、翻訳を必要とするものである。しかし他方で、症状には享楽の側面もある。すでにみてきたように、この享楽の側面は還元不可能であり、あらゆる解釈に抵抗する。そして分析の終わりにおける残余となる。これは補足的な点である。しかし、解釈することによって症状に意味を与えれば与えるほど、より一層ファンタスムが繁殖し、より一層症状の解消が待ち望まれ、ファンタスムをひとつの純粋な公理へと還元することが不可能になる。だからこそ、ミレールが言ったように、分析家は黙っていなければいけないのである。しかし、黙っていなければいけないということは、自分の欲望を出現させてはいけないという意味ではない。分析家として存在することを望むのならば、行為を起こさなければならない。これが有名な「分析的行為 acte analytique」である。もちろん、非常に饒舌な解釈によって、それ自体多義的な意味の場を過剰に与えるようなことはしてはならない。しかし、分析家はそれでも分析主体に対して効果をもつような方法で行為しなければならないのである。

「解釈の時代は過去のものとなった」[27]ことを忘れないでおこう。というのも、「無意識の欲望はその解釈である le désir inconscient *est* son interprétation」からである。無意識は解釈以外の何ものでもない。解釈するのは無意識であり、もはや分析家ではない。例えば、ある夢はそれ自体、夢を見る人の無意識が行う解釈なのである。

無意識は解釈する

分析的解釈が可能であるということは、無意識として語ることを心得ているということである。ミレールは、さまざまなモードの解釈を調査し、そのうえで次のような主張を述べている――「無意識は解釈する」。解釈することとは、「反響させること、ほのめかすこと、言外に匂わせること、沈黙すること、神託をつくること、引用すること、謎をつくること、半分言うこと mi-dire、暴露すること」[28]等である。しかし、こういった解釈は、無意識そのものが用いている表現のモードであることが理解されなければならない。これは意外な主張であり、あえて顰蹙を買おうとする意志をそこに認めることもできる。しかし、いず

(27) « L'interprétation à l'envers », *Revue de la Cause freudienne*, n°32, 1996, p. 5.
(28) *Ibid.*

れにせよ分析実践はポスト解釈的なものになっている。セッションの句切り scansion を用いて、患者の語らいの糸に句読点を打つことは、すでに過剰〔＝解釈のやりすぎ〕である。句読点を打つことは、すでに意味を組織化することである。文法がある言表の意味をどれほど決定づけているのかはよく知られているだろう。ポスト解釈的である時代には、症状の解読を目指して作業することはもはや重要ではない。それは、あらゆる解読は、また新たな暗号化にほかならず、そこには無限退行が生じるからである。むしろ、ファンタスムと、症状が含んでいる意味の外部にある還元不可能な享楽の要素を考慮にいれることが重要なのである。このようにして、症状からサントームへ移行することが可能になる。

もはや解釈ではなく、沈黙することが重要である。だとすれば、分析家〔の行為〕には何が残されているのだろうか。患者を受け入れ、その場に現前し、熱心に患者の手を握り「こんにちは」「こんばんは」「また来週」「また月曜日に」と言うことだけで分析家は満足すべきなのだろうか？　解釈の時代の終わり、症状の解読の時代の終わりは、こういった極端なことを意味しているわけではない。むしろ、もはや解釈するのではなく「切断 coupures」を行うことが重要となるのである。

この「切断」の詳細については立ち入らないが、ここではセッションを前日のセッションと次回のセッションと連接した意味論的統一性をもつものにすることはもはや問題ではないということを示しておこう。目指されているのはむしろ、非意味論的なセッションそれ自体である。分析家は、分析主体に困惑 perplexité の効果をもたらし、分析主体を彼の享楽の非合理なもの l'insensé へと差し向ける。分析主体は、自分の症状の謎に直面した際に、はからずも意味を醸成させる傾向をもっているが、そういった分析主体の傾向とは反対に進むのである。そうしなければ、最終的にはその解読作業を享楽することになるのが常であり、道を誤り、終わりなき分析に至ってしまう。むしろ、症状がもつ満足の側面を強調するのと同時に、ファンタスムと享楽についてファンタスムが担っている部分を強調しなければならない。ここにファンタスムと症状の結合、欲望と享楽の結合が見出される。ここには新しい結び目があり、それはまさにサントームと名付けられている。「主体のなかのサントームを目指す実践は、無意識のようには解釈しない。無意識のように解釈をするのでは、快原理に奉仕するままである。それが現実原理に奉仕するようになれば、何も変化は生じない。というのも、現実原理はそれ自体が快原理に奉仕するものだからである。快原理に奉仕するために解釈するのでは、終わりなき分析の原則以上のことを見出すことはできない」[29]。

それゆえ、解釈は快原理の彼岸でなされなければならない。それは、無意識〔が解釈する、ということ〕とは反対の意味＝方向で解釈することである。現実的無意識に注意を払うためには、「無意識が解釈する」というテーゼによって基礎づけられている解釈の実践を放棄することが必要となる。どういうことだろうか。逆方向に解釈することと interpréter à l'envers が必要なのである。なぜなら、「ひとつきりのシニフィアン signifiant tout seul は常にひとつの謎であり、そのためそこには解釈が不足している。この解釈は、他のシニフィアンを伴うことを必要としている。そこから新しい意味が出現するのである」[30]。これは、ファンタスムを養うことしかできない意味の淵を放棄するために乗り越えなければならない袋小路である。「それ〔＝意味の袋小路から生まれる意味の増殖〕を、解釈妄想病 délire d'interprétation と呼ぶことも十分に可能である」[31]のだから。分析家が患者に提供する解釈が妄想の水準に属するものだとすれば、そのような解釈を言わないでおく〔＝黙っておく〕ことがおそらく良いだろう。慎重さが格率となるわけである。こうして、「解釈の裏面は、主体の要素現象 phénomène élémentaire としてのシニフィアンをはっきりさせる〔＝包囲する〕ことにある。つまり、シニフィアンに妄想 délire の意味を与える要素現象としてのシニフィアンが無意識の形成物においてまさに分節化される前に、そのシニフィアンをはっきりさせるのである」[32]。というのも、この妄想を飢えさせることが重要だからである。

「逆方向の解釈 l'interprétation à l'envers」というテーゼは、「無意識は解釈する」というテーゼと結びついている。〔ここでは既存の解釈の〕限界を超えることが重要であり、それは沈黙を語ることへと収斂するだけではなく、この沈黙を転覆することでもある。ミレールはこの転覆が、意味論的な流れに陥らないものであることを注記している。彼は、スカンシオンが意味論的な流れへの回帰であることに言及している。スカンシオンは句読点を打つ〔ことによって意味論的な流れを作る〕からである。ミレールがこの〔逆方向の〕解釈とスカンシオンを対立させ、逆方向の解釈を切断と呼んでいるのはそのためである。ここでは、解釈の新しいモダリティを切り出すための一歩が踏み出されている。「そのモダリティは、快原理に奉仕するようには解釈しない」。つまり、享楽のためのものなので

(29) *Ibid.*, p. 6.
(30) *Ibid.*, p. 7.
(31) *Ibid.*
(32) *Ibid.*

ある。その解釈は、主体の分割ではなく「困惑」へと〔主体を〕連れていく。切断の実践は、句読点を打つ実践と比べて、非意味論的 asémantique であり、語ることのなかで享楽されているものに直接的に触れるのである。分析家が支持する無意識の解釈〔＝逆方向の解釈〕は、享楽を、享楽が身に着けているシニフィアン連鎖から根本的に分離することを可能にしなければならないのである。

切断としての解釈は、現実的無意識という構想と類似したものだが、この解釈は抑圧された主人のシニフィアンを間接的に単離する〔＝取り出す〕ことを目的としている。それゆえ、切断としての解釈は、意味を付加する増殖とは、特に分析家の介入が生じさせうるそれとは逆のものである。「曖昧さは換喩的なものでありＯＫである。それは謎と引用のあいだにあるからだ。しかし、隠喩はＮＧだ[33]」。ミレールが行ったように、解釈について、意味の裏側へと広がるものとして語ることは、次のことを際立たせる――「解釈が分析家の行為と同等のものになるとき、それは無意識の活動にとって二義的なものであるだけではなく、無意識としても振る舞うことが要請されるのである。つまり、意味の引き算を通じて[34]」。この解釈は、非合理＝非意味なものを生産しなければならないのである。

このようにしてミレールは、ラカンがなぜジョイスの『フィネガンズ・ウェイク[35]』を参照したのかを説明する。それは「〔『フィネガンズ・ウェイク』〕がパロールとエクリチュールの関係、音と意味の関係を絶えず享楽するテクストであり、圧縮と曖昧さと同音異義語で織りなされたテクストであるにもかかわらず、古臭い無意識とは何の関係もないからである。シニフィアンとシニフィエの結合は、このテクストではすべて無効なものとされている。だからこそ、このテクストは解釈を誘発することはないし、たとえ超人的な努力がなされたとしても翻訳を誘発することもないからである。このテクストはそれ自体が解釈ではない。そしてこのテクストは、読解の主体を見事なまでに困惑へと至らしめるのである」[36]。つまり、困惑は今や目指されるものなのである。切断によって、もはやいかなるシニフィエにも縫合されない〔という点で困惑をもたらす〕シニフィアンを単離する〔＝取り出す〕ことが重要なのである。それは、もはやいかなる可能な意味ももたないシニフィア

(33) Pierre-Gilles, Guéguen, « Discrétion de l'analyste dans l'ère post-interprétative », dans *Revue de la Cause freudienne*, n°34, 1996, p. 26. を参照せよ。
(34) *Ibid.*, p. 27.
(35) James Joyce, *Finnegans Wake*, Paris, Gallimard, 1997.〔＝ジェイムス・ジョイス『フィネガンズ・ウェイク』1〜3、柳瀬尚紀訳、河出文庫、二〇〇四年〕
(36) « L'interprétation à l'envers », déjà cité, p. 7.

ンであり、まさに特異的な主体に固有の享楽するモードを凝縮しているシニフィアンである。こうして、私たちは意味と意味作用の周辺を捨て去ったのである。解読の情熱は主体を享楽させるが、分析経験を終わりなきものとするように導く。それゆえ、解読の情熱はもはや通用しないのである。

「無意識は解釈する」というテーゼは、「逆方向の解釈」というテーゼと連動しており、現実界において享楽することと、象徴化されたもののあいだの断絶を強調している。こうして真理は、「享楽と親密な者」となる。「逆方向の解釈は、現実界における原因と、無意識への登録を取り消した主体が生産する切断を目指す」[37]。もはや主体の真理が重要なのではない。自らの固有の享楽、享楽する特異的なモードにかかわる確信を単離する（＝取り出す）ことができる主体が重要なのである。

ファンタスムの横断から症状への同一化へ

分析の終結についての構想は、現実界へと向かうこういった新しい方向性とともに必然的に変化することになる。ラカンは、初期には分析経験の終わりを「死への存在を受け入れることl'assomption de *l'être pour la mort*」と考えていた。言い換えれば、言語の外部にあるにもかかわらず生を肯定するものとして理解されるべき死、そういった何かによって分析の終わりを定義していたのである。実際、誰も私の代わりに死ぬことはできず、私は最も内密な私自身の特異性において死の場所に呼び出されている。この死という点に関しては誰もそれ以上のことを語ることはできず、死が何であるかを想像することすらできない。それゆえラカンにとって、死への存在を主体化することは、その〔主体の〕根源的な差異をつくりあげる手段であった。たしかに、実際の死は、ひとが最終的に自分自身と同一になる瞬間である。また、分析の終結は、ひとが最終的に特異的なものになるこの唯一の瞬間と類似しているはずだと考えることもできる。第二期において、ラカンは、〔分析〕経験の終わりを「去勢の主体化 la subjectivation de la castration」と考えた。この構想は、主として——詳細には記述しないが——脱同一化 désidentification から構成されている。そこでは、手の施しようのない私たちの主体的分割 division subjective、すなわち私たちが自分自身に一致していないこと、統一的な〈自我〉が幻影であることに気付くことが重要となる。加えて、「主体の解任 destitution subjective」という目標が前面に出て

(37) Pierre-Gilles Guéguen, « Discrétion de l'analyste dans l'ère post-interprétative », déjà cité, p. 27.

くる。その目標においては、主体の基礎的ファンタスムであったものを知ることが重要である。基礎的ファンタスムとは、分割された無意識の主体を、自分に固有のある欲動的な対象へと繋ぎ止めているものである。私たちが長いあいだ論じてきた分析の終結の方法は、第三期の構想として提出されるものであり、これら二つの〔=第一期と第二期の〕分析の終結のやり方はすべて、象徴的な次元だけに関わるものである。

最後期のラカンの教えでは、分析の終わりは「症状への同一化 identification au symptôme」からなる。もはやファンタスムの横断は問題ではなく、パスの過程で展開された「主体の脱解任」も問題ではない。享楽の現実界、主体がもつ固有の享楽するモードと「うまくやっていく savoir y faire」可能性へと狙いをつける何かが重要なのである。「私はこれである」と言うことができることはもはや重要ではなく、むしろ主体の享楽（現実界）を彼の欲望（象徴界）へと結ぶことが重要である。症状は、私たちが現実界へと向かう方向性にいることを強調するためにいまやサントームと書かれるのだが、このサントームはまさに、享楽と欲望の斬新な結び目なのである。

それゆえ、分析の終わりを単にひとつの横断として定義することはもはや不可能である。「この症状が問題になるときには、むしろ、それとうまくやっていくという用語で語られる。症状を取り除くのではなく、各々にとってより現実的なものがある、という意味である。それは、各々にとって、書かれることを止めないものである。人は、それとどう付き合っていくかを学ぶのである」[38]。分析の最後に残る残余的な症状は、鏡に映った自らの固有の像のようなものである。その残余的な症状を取り除いてしまうことはできない。それを取扱い、化粧を施し、称揚し、処理することを学び、そしてよりよい場合では、それとともに生きることを学ぶのである。分析経験の終わりに至っても、つねに除去不可能な残余、ある特異的な享楽するモードが存在する。その享楽するモードに対して私たちは一体化するのであり、それに対して私たちは還元不可能なまでにつきまとわれたままなのだ。自分の症状と「うまくやっていく」というパースペクティヴにおいて重要なことは、欲動がつねにそこにあるということである。欲動は、分析的装置に入るときには、たしかにまったく違った形で固定されていた。しかし、それでも〔分析を受けても〕、欲動を解消することはできない。私たちは身体をもっており、たとえシニフィアンが身体に非常に多くの効果をもっていたとしても、象徴的なものや語とは何の関係ももたないような生物学的

(38) « L'appareil à psychanalyser », déjà cité, p. 15.

な現実界の一部分がつねに残るのである。

症状への同一化において問われている症状（人がそれになる症状）は、〔主体を〕分析に入るように急かしたものと同じ症状ではない、ということに注意を払わなければならない。「症状への同一化 identification au symptôme」という表現では、その症状は単数のものである。他方、分析の開始時に私たちが関わっている症状は複数的で、多数かつ多彩なものである。分析経験の最後を特徴づける最終的な症状は、ひとつの残余である。それは〔分析〕経験によっては取り除くことができない欲動的なもの le pulsionnel であり、私たちはその残余と妥協することを学ぶようになる。分析の終わりは、症状への同一化として考えられるが、そこでは基礎的と表することができるようなひとつの症状が問題なのである。この〔基礎的な〕症状は、主体の特異的な様態を保証するものであり、それゆえ「他の誰とも似ていない」ものである。これは言語の領野においてつねに欠如している最終的な語について、享楽の領域において補填を行うものである。

だからといって、症状への同一化が「ファンタスムの横断」を拒絶しているわけではない、ということは明確にしておく必要がある。ちょうど物理学における一般〔相対性〕理論が特殊〔相対性〕理論を包含するように、症状への同一化はファンタスムの横断を含み、ファンタスムの横断を完全なものとするものなのである。基礎的な症状への最終的な同一化は、ファンタスムの横断を前提としているとすら言えよう。

しかし、ここで言われているこの「同一化」とは一体何なのだろうか？　ひとは、「私は私がそれであるところのものであり、それはこれである」と言うことができるようになるような、安定した同一性に固定化することが重要であると信じている。しかし、そういうことが問題なのではない。自分の同一性を探すことは問題ではない。同一性は決して安定しないし、これまで見てきたように、決して自己自身と一致することはない。そうではなく、単に、他の誰とも似ていないものになることに成功することが重要なのである。これは彼の享楽するモードに関わるものである。つまり、私たちに固有の享楽する方法であり、私たちの唯一の現実的なものである。シニフィアン連鎖から抽出された意味の外部のシニフィアンが、私たちの享楽の現実界になるのである。このシニフィアンはこうして、何も意味しない単純な文字としての身分を得る。ひとつの文字は、意味の効果をもっておらず、あらゆる意味作用の手前にある言葉の世界への参入を可能にするだけである。つまり、文字は私たちがパロールの無駄話 bla-bla だけを享楽することを可能にすることによって、象徴界を生物学的なものに結び付けているのである。

そうであれば、次のように考えることもできよう。この〈同一化の対象となる〉最終的な症状は、分析経験の過程で変化させることができないものを素直に受け入れることにあるのだ、と。自らの症状には、少しもつれたところが常に残っているのである。しかし、これは、単なる諦観をもって自分の症状に巧みに対処する方法と混同されることもありうる。最終的には、私たちは変化しないであろうし、私たちがそうであったものとうまくやっていくこと、それを受け入れ、なんとか切り抜けることを学ぶであろう。私たちの不平を終わらせ、私たちの症状が私たちの個性としての特徴であり、それ自体として〈他のものに〉還元不可能なものであることを認めることだけが問われていたのだ、というわけである。それは、正統的なナルシシズムにおいて声高に主張される「私は私であるようなものである」になるだろう。しかし、そういったことが問題なわけではない。私たちはそのことを十分指摘してきた。つまり、賭けられているのは、複数の症状を特異的な＝単数の症状へと移行させることなのである。複数の症状に同意することが目的なのではない。複数の症状に不平を言うことを単にやめることが目的なわけでもない。むしろ、その症状にもはや苦しまないことを目的としているのである。このような効果は、必然的に、根底的な変化のしるしである。分析という手段を介して、自分の苦しみに甘んじるのではなく、私たちを分析へと導いた症状に関して、もはや現実的に苦しむことがない地点に至るのである。

　症状へと同一化することは、やはりそこに自らを認めることである、ということを付け加えておこう。分析の最後に残るものとしての基礎的な症状は、同一性や真の固有名をつくる唯一のものである。その他のすべての同一化は、私たちを現実的に定義するには決して十分ではない。私たちはつねに「誰々の息子である」「医師である」「労働者である」「共産主義者である」「患者である」と言うことができるが、そういったものは私たちの特異性には決してならないのである。主体が自らの一貫性の原理を見出すのは、最終的な症状との同一化によってである。主体は象徴界と想像界では存在欠如でしかないが、彼がそれらの場所の周辺を離れ、「私とは何か？」という問いに対する答えを見つけるのは、この道においてである。「私とはこの享楽であり、それが私の現実的なものである」と言うことが可能になるのは、その道からである。そこには、他の誰とも似ていない様態と、言うことが不可能な欲望と、意味の外部にある単純な文字を固定する享楽との前代未聞の結び目がある。

　それゆえ、現実界へ向けて方向づけられた精神分析は、「欲望の航跡に身を置き、各々にとっての自らの絶対的差異や、もっとも偶発的な各々の特異性における欲望の原因を単離する〔＝取り出す〕ことを目的としている」(39)。欲望の原因はつねに偶発的なものであり、それはつねに偶然の出会いにかかわっている。人間にとっての享楽は、動物における何かのように、種にそなわった特徴のひとつであるわけではない。例えば猫が喉をごろごろとならす行動のように、享楽が遺伝子のなかに書き込まれているということはないのである。享楽は、それぞれにとって異なったものである。というのも、享楽はつねに偶然の出会いの産物だからである。享楽は、個人と、個人に対して意味を生み出し得ないものとの偶然の出会いから構成される。享楽はこの意味で現実的なものであり、何も意味しない。それはひとつの様態、つねに特異的な形態 figure にほかならない。各々の人物がそれぞれ享楽する方法をもっている。その方法は彼に固有のものであり、他人とは決して同一のものではない。共同体と共有できるような享楽のモードをもつことは決してできないのである。私たちは享楽する方法についてはつねに一人である。「享楽は、人間という種においてはプログラムされていない。ここにはひとつの不在、空無がある。それは生きられたひとつの経験であり、享楽に各々にとって特異的な形態を与える出会いである」(40)。それゆえ、享楽は普遍化できないものである。例えば、広告が、同じ仕方で享楽するモードを私たちに押し付けようと試みたとしても、享楽を普遍化することはできない。私たちはここでもまだ哲学と対立している。例えば、とびきりの欲望の思想家であるスピノザにとって、喜びとは自分が必然性の一部であるということを印づける何かである。享楽が精神分析に固有の概念であり、哲学には関わらない。なぜなら、享楽は各々にとってつねに特異的なものだからである。享楽は精神分析が興味をもつ唯一の実体であると言うことすら可能である。この享楽は、善と悪、快と不快の向こう側において、世界に対する私たちの独特の存在の仕方を決定づけている。

それゆえ、現実界によって方向づけられた分析の意図するところは、究極的には、私たちを〔他と〕区別するものをはっきりとさせ、それを単離し〔=取り出し〕、それを受け入れることができるようになることである。〔分析の〕締めくくりには、次のように言うことができる――「私は、この享楽するモードである。それは、必ずしも善いものではないが、いずれにせよ他者たちと同じものではない。それに同意するのが必然的なことであったわけではないが、それでもそれは私がそれであるところのものなのである」。

---

(39) « Choses de finesse en psychanalyse », cours du 19 novembre 2008, inédit.
(40) *Ibid.*

精神分析は偽装した快楽主義か？

症状へと同一化し、その症状が含む享楽の側面とうまくやっていくことが重要であるとすれば、私たちは分析のなかで快楽主義を処方しているにすぎないのではないかと考えることもできるかもしれない。症状から満足を十分に引き出すための方法を用いて自分の症状を享楽し、その症状を機能させることを重要と考え、物事を快楽という側面からしか見ていないのではないかとも考えられるのである。快楽主義は快楽と、苦しみがなくなることを至上善としている。しかし、精神分析において問題となっている享楽は、そのようなものとは異なる。それは、人間という動物が文明に対して譲りわたしたものではあるが、しかし欲動という形式の下でその一部分を絶えず取り戻すことができるものである。主体になるために、人はそれを譲りわたさなければならない、つまり自らの享楽を捨て去らなければならない。享楽には、いつも失われた一部分が存在する。それでもなお、象徴界の主体、語る存在となることで、私たちは〔享楽の〕ある部分を取り戻すことができる。それは、パロールの享楽である。

語るという事実においてまさに享楽が存在するとしても、パロールの享楽が存在するとしても、そして語られることの意味が問題とされることはないとしても——言い換えれば、意味作用を超えた意味＝感覚 sens の享楽が存在するとしても――、ここで問われているのは非常に独特の享楽である。他方、快楽主義の享楽は、どんな対価をはらったとしても障害なしに享楽するような享楽であり、「むきだしの欲望」である。あらゆる不快を避けながら快を追い求めることは、精神分析が目指すところではない。精神分析は幸福や主体の健康な状態を目的とはしていないのである。分析経験の終わりに問題となる享楽は、むしろ文化それ自体と関係をもつ。メディ・ベラ・カセム[41]の表現を用いるとすれば、「障害なしに欠如すること manquer sans entrave」[42]に到達することが重要なのである。精神分析は、享楽が専制的に命令される現代的な快楽主義を咎めることすら行う。精神分析は、享楽を禁止しないディスクールであり、享楽しないことをも認める。享楽せよ、という命令は〔精神分析には〕存在しないのである。ひとたびファンタスムが横断されると、より現実的なもの、つまり自らの症状への同一化がなされる。それは確かにひとつの享楽するモードであるが、それは快楽主義の意味におけるモードではないのである。

症状に随伴して、対象を参照することを必要としない純粋欲望 désir pur の能力が存在

(41) 訳注：Mehdi Belhaj Kacem 一九七三年生まれの作家、哲学者、俳優。
(42) Cf. Mehdi Belhaj Kacem, *Manifeste antiscolastique*, Caen, Nous, 2007.

する。精神分析にとっての欲望の倫理は、欲望を対象への執着から引き離すという要請に忠実でありつづけている。それゆえ、目指されなければならない欲望は、欲望の非‐満足の欲望であり、欲望を開いた状態にしておく欲望である。いかなる対象も、その実現によって欲望の目的を満たすべきではない。言い換えれば、昇華へと向かう道を見出さなければならないのである。対象へと繋がれているわけではない運命をもつ欲動を単に享楽しうるという意味において、昇華が目指されなければならない。それは対象なき享楽であって、対象の享楽ではない。

というのも、ひとが倦むことなく生産し、言っていることから作り出されるパロールや駄弁を享楽することが重要だからである。語る存在は、こういったモノローグや、思考するという単純な事実を享楽することができる能力をもっているのである。このモードの享楽は、対象をなにも必要としない。そのうえ、この享楽については語りえず、想像することも理解することもできない。この享楽は経験することしかできないのである（ラカンは女性の享楽についてもこのように語っていた。この享楽は、それについて何も語ることができないにもかかわらず経験される神秘主義の享楽に近接している）。

ミレールが自分のことを政治的にはリベラル――「享楽し、享楽させる者」――であると言うことができたのは、そのリベラリズムが何かしらの快楽主義とは程遠いものであるからだ。必然的に、そこで重要なものは快楽ではない。意味を享楽することにおいて享楽を生じさせるのは、パロールの享楽である。この享楽は、例えば美的な行為の遂行のなかにも含まれうる。[43] 昇華は分析の終わりにおいて目指されるものではないにせよ、昇華はそれでもなお享楽する方法のひとつでありうる。昇華は、いずれにせよ欲動や、私たちにとって特異的である享楽するモードを含んでいる。

人はみな妄想する

最近、ミレールは最後期ラカンの「人はみな妄想する Tout le monde délire」という公式を前面に押し出している。「人はみな妄想する。言い換えれば、人はみな存在しないものについてとことん注釈し、解釈している。それはみせかけであり、人はみなそのみせかけに捕らえられている」[44]。しかし、シニフィアンはもはや分析経験において優位とされる

（43）Baldine Saint Girons, *L'acte esthétique*, Paris, Klincksieck, 2008. を見よ。特に、「夕べの安らぎ la paix du soir」に関する非常に美しい一節において、この種類の享楽の類型が提示されている。

（44）« La psychanalyse, la cité, les communautés », déjà cité, p. 114.

べきものではない――もしそれが、いっさいのシニフィエから切り離された白いシニフィアン、つまり非合理なものでなかったとすれば。「ラカンがエディプスの彼岸、エディプスのみせかけの彼岸を目指すことができたのはそのためである。ラカンは彼の古典的時代においてすでに、エディプスのみせかけについて長いあいだ語っていた。ラカンは、現代社会において〔エディプスのみせかけという〕看板を出し続けはしなかったのである」[45]。マラルメは、人はみな妄想するということを予感していた。おそらく、言語は、情報を伝えるためよりも、享楽するために用いられるものなのである。

「人はみな狂人である、言い換えれば妄想的である tout le monde est fou, c'est-à-dire délirant」[46]という公式は、精神分析の新しい臨床を特徴づけている。この公式は「正常性を参照することや、精神の健康なるものを参照することを、その根底から葬り去る」[47]。実際、「現実的なものと精神的なものの（根源的な）不一致 inadéquation du réel et du mental」[48]が存在する。現実的なものに関しては、偽であることでなければ、何も語ることはできない。「言い換えれば、新しい精神分析的臨床といわれるものは、治癒不能なもの l'incurable の理論なのである」[49]。それゆえ、分析は主体の治癒不能なもの、サントームを引き出すことをその目的としている。そしてこのパースペクティヴでは、シニフィアン的なもの signifiance

〔意味を与えるものすべて〕は「自らの享楽するモードに関する知という駄作[50]」となる。こうして私たちは、特異的なもの、固有の享楽のモード、主体のサントームを目指す〔分析〕経験の方向性を手にいれた。無意識を解読しようとするとき、その解読はある現実的なもの、すなわち意味の外の享楽の上で停止する。この現実的なものは、各々にとって特異的なものであり、その人物のサントームを構成するものである。このサントームは現実的なものであるがゆえに、それについては語ることができない。「それは誰にも語らない[51]」のである。ここまで見てきたように、解釈は「〔分析主体に何かを〕わからせる」ような知の解読の方法ではなくなり、現実的無意識の無頭的な作動を照らし出す手段となる。

ミレールが精神分析に与えた方向性、そしてラカンがミレールに与えたものとしての方

(45) *Ibid.*

(46) « Choses de finesse en psychanalyse », leçon du 12 novembre 2008, inédit.

(47) *Ibid.*

(48) *Ibid.*

(49) *Ibid.*

(50) « Choses de finesse en psychanalyse », leçon du 10 décembre 2010, inédit.

(51) « Choses de finesse en psychanalyse », leçon du 17 décembre 2010, inédit.

向性においては、精神分析は回復を目指してはいない。精神分析は、健康になることや幸福になることを期待しているわけではないのである。もっとも、私たちを動かしているものについて新たな光をあてることによって、ある程度の〔症状の〕緩和がもたらされはするであろうが。分析経験は自らの欲望を再び自分のものとするように私たちを導く。最良の場合には、分析経験によって「欲望するものを望むこと」や「望むものを欲望すること」に到達することを期待することも可能になる。経験がその終局にまで至ったとき、分析経験は私たちが己の「治癒不能なもの」へと同一化することを可能にする。それは単に治癒不能なものを切り抜けるためだけではなく、治癒不能なものを利用するためである。〔分析〕経験の終わりでは、無意識の「購読を停止する」ことは、通常考えられているほど重要ではない。欲動の何かは、つねに残存しているのである。「それ＝エス」はうずうずしており、「それ」はつねに人を煩わせている。しかし、私たちの生においてくりかえされる特定の事柄は、私たちの意に反して、私たちの知らないうちに、停止することがありうる。ひとたびファンタスムが構成され横断されると、私たちは分析の終わりの症状へと同一化する。そして、もはや「享楽し、享楽させること」だけをしなければならないようになる。このようにして「欲望することを欲望すること」、つまりつねに開かれたものを欲望することを欲望することが可能な状態へと戻ることになる。多少なりとも致命的な反復をくりかえすなかで破損したリビードの一部分がひとたび取り戻されると、あるいはひとたび欲望（これは大他者の欲望にほかならない）が同定されると、私たちには、単にやるべきことをやる、という日常の仕事に没頭するしかなくなるのである。

ミレールは、その仕事のすべてを通して、ラカンはドグマティックな人物ではないということを示している。「文脈に関する正確さを期しつつ、不確定な主張や定理、公理を完成させなければならないとすれば、ラカンのものとされる主張や定理、公理のリストを作ることはできない」[52]。したがって、ミレールを「すぐに使える（＝即効性の）」ラカンを仕立て上げた論理学者とみなす人々に対するミレールの返答は、次のようなものになる。「精神分析における厳密なラカン的憲章と言いうるようなものは存在しない」[53]。私たちはラカンの教えをつかむことができない。それは、彼の教えがつねに変化していたから、という単純な理由ゆえのことである。一週間も経てば、ラカンはもはや以前の彼自身と同じではなかった。このような「教えの自己差異化」[54]がラカンには存在するのである。ラカンの

（52）« Qu'est-ce qu'être lacanien? », *Quarto* n°74, 2001, p. 5.
（53）*Ibid.*

定義そのものに対しては、その定義が発言された文脈を考慮することなしにアプローチすることのないように注意されたい。ラカンの情熱は、おそらく現実界に向けられていた。すなわち、無 - 意味なもの l'a-sensé、法の - 外 hors-loi であった。しかし、それは不変のものでもあり、ひとから何を言われようとも、それは手つかずのまま残っていた。ラカンを反哲学者にしたのは、おそらくはこの現実界への情熱である。ジャック＝アラン・ミレールが示したように、ラカンは哲学的な意味における体系を決して作らなかった。実際、「現実界は意味を除外していると言うことは、すでに限界的な言明である」(55)。なぜなら、それ〔意味を除外しているものとして現実界を定義すること〕は、わずかな意味を現実界に授与することにほかならず、その授与は、その授与の可能性をすべて除外するに至るまさにその瞬間に生じるものだからである。いずれにせよ、それは、意味を世界と実存に対して授与することを慎むことである。

現実界に向かって方向づけられた精神分析のすべてのパラドックスは、そして臨床のなかに再び発見される難点のすべては、最終的には次のようなものになる。現実界は語られることも、理解されることもできない。せいぜい、それを指さすことができるだけである。

非合理な現実界に対してそのほかに何ができるだろうか？

(54) « À propos de l'enseignement de Lacan », *Quarto* n°3, 1981, p. 10.
(55) « L'appareil à psychanalyser », *Quarto* n°64, 1998, p. 13.

訳者あとがき

本書は、Nicolas Floury, *Le réel insensé: Introduction à la pensée de Jacques-Alain Miller* の全訳である。著者であるフルリーは一九七八年一月四日生まれの哲学者であり、二〇〇〇年代初頭にパリ・ナンテール大学で美学や崇高の哲学についての専門家であるバルディーヌ・サン・ジロンのもとで哲学を学び、また臨床心理士の資格を取得している。精神分析に関しては、ジャック゠アラン・ミレールの弟子筋にあたるフロイトの大義派のメンバーの分析家と一〇年ほど分析を続けているが、本人はいまのところ分析家としての仕事はしておらず、もっぱら哲学と精神分析の関係の研究について取り組んでいるようである。

ミレールと言えば、難解なラカンの理論をクリアカットに呈示し、スラヴォイ・ジジェクをはじめとする多くの哲学者や分析家に影響を与えてきた人物であるが、むしろ本邦においては彼のマイナスの側面のほうが多く伝わっているかもしれない。たとえば、ミレールの呈示するラカンはあくまでも「ミレール化された」ラカンに過ぎないだとか、ラカンをあまりにもドグマティックなものにしているだとか、セミネール（ラカンの講義録）の出版権を独占しておきながらなかなか刊行せず、ましてや刊行されたセミネールには多数の間違いがある……といった批判は、日本語で書かれた精神分析関連の文献を読むだけでも十分に伝わってくることだろう。それらの批判はそれなりにあたってはいるものの、しかし、ではミレールが実際にはどんなことを主張しているのかという点については、本邦ではほとんど紹介されてこなかったように思われる。

実際、ミレールによるラカン解釈は、（多少なりとも問題があるにせよ）本国フランスにおいてラカンの理論を明晰に整理し、ひとまずの足場を提供する役割を果たしたと言えるだろう。彼の解釈に対する批判を通して新しいラカンの解釈が可能になるという点も含めて、紹介しておく価値があることは間違いない。そして、ミレールの航跡を俯瞰して眺めてみると、おおよそ九〇年代末から二〇〇〇年代の全体を通じてひとつの完成を迎えたと言える。くわえて、その完成形は、単なる「ラカンの解説」というよりも、「ミレールの理論」といったほうが適切かもしれない性質を持ち始めている……このような状況が、著者であるフルリーに『ミレールによるラカン入門』ではなく、『ジャック＝アラン・ミレールの思想入門』という副題をもつ本書を書かせるに至ったと考えられる。本書は二〇一〇年に刊行されたものだが、二〇一五年にはフロイトの大義派の分析家エルヴェ・カスタネによるいわば「公式版」のミレール論『Comprendre Jacques-Alain Miller』が刊行されていることも付け加えておこう。

本書の美徳のひとつは、ミレールの議論を時代ごとに辿り、彼の論文や講義の内容を簡潔かつ丁寧に要約しており、読者がいわばミレールの航跡の全体像を得ることを可能にする点にあるだろう。実際、ざっと見て、『分析手帖』に掲載されたマルクス－フロイト論である「Action de la structure」（1968）と、フレーゲの理論から主体の構造を導き出す名高い「La suture」（1966）、「La topologie dans l'ensemble de l'enseignement de Lacan」（1981）におけるラカンとサルトルの関係をめぐる議論、「Le vrai, le faux et le reste」（1994）における論理実証主義との関係についての議論などの哲学と関係する論文に始まり、「Produire le sujet?」（1983）や「Sur la leçon des psychoses」（1987）における精神病臨床をめぐる議論、『La conversation d'Arcachon: cas rares, les inclassables de la clinique』（1997）における（本邦でも紹介された）普通精神病をめぐる議論、ラカンに欠けているとしてしばしば（不当な）批判の対象となる情動について論じた「À propos des affects dans l'expérience analytique」（1986）、症状とファンタスムについて論じた「Réflexions sur l'enveloppe formelle du symptôme」（1985）、「パス」の具体例とともにファンタスムについて論じた「Portraits de famille」（1999）といった臨床に関係する論文を経て、ラカン派の立場からの共同体論である「La psychanalyse, la cité, les communautés」（2008）を紹介しつつ「ラカン的政治」について論じ、最後には先述したミレールの議論の最終形をなす一連の論文、すなわち『サントーム』以後の時期の最後期ラカン理論について果敢に取り組んだ「Le réel est sans loi」（2001）や「Biologie lacanienne et événement de corps」（2000）や「L'interprétation à l'envers」（1996）、くわえて「特異性」概念を大胆に導入した講義「Choses de finesse en psychanalyse」（2008-2009）をコンパクトに紹介した本書は、これらの論文がこれまでまったく訳出されてこなかった本邦の状況において、きわめて有用なものとなるだろう。

　著者によれば、フランスにおいても本書は「ミレール入門」として好評をもって迎えられたという。ジジェクも理論的大著『Less Than Nothing』（2012）のなかで近年のミレールによるラカン解釈の傾向を批判する際に、本書に大幅に依拠しているほどである。

もっとも、本書で取り上げられているのは、二〇〇八‐二〇〇九年度の講義「Choses de finesse en psychanalyse」までであり、それと同じほど重要であると考えられる二〇一一年の講義「L'Être et l'Un」――ミレール本人も気に入っていたようで、『L'Un-tout-seul』というタイトルで刊行されるという話であったが、いまだ実現されていないようだ――については扱われていないが、この講義については拙著『人はみな妄想する』（青土社）や『享楽社会論』（人文書院）において簡単に紹介しておいたので、そちらを当たっていただければひとまずは用をなすだろう。それにしても、「アラン Alain（=A l'*Un*）」という彼が自分自身で加えた名前が、ラカンによって「（ラカンを読むことのできる）少なくとも一人の人物 au moins *un*」と名指しされたことを経て、彼の分析を担当したシャルル・メルマンによって「定冠詞つきの〈精神分析家〉*le* Psychanalyste になること」が彼のファンタスムであったとまで評された彼ミレールが、最終的に「一者 l'*Un*」の臨床を提示するに至ったことは興味深い。

本書がもつもうひとつの美徳をあげるとすれば、それは著者フルリーのバランス感覚であろう。本書の記述がミレール論としてバランスの取れたものであることは言うまでもないが、著者は本書の刊行後、なんとエリザベート・ルディネスコ論を刊行してもいるのである（フランスの精神分析について多少なりとも知識があり、ミレールとルディネスコのあいだの対立を知っている方なら、驚かざるを得ないだろう）。著者によれば、本書に比べて、そのルディネスコ論『Elisabeth Roudinesco, une psychanalyste dans la tourmente』（2011）は冷ややかに迎えられたそうである。メールで本書について問い合わせをするなかで話してくれたことによれば、著者フルリーにとって、ルディネスコ論の刊行は一種の「反乱」であり、特に、フロイトの大義派の周辺で、理論においても臨床においてもミレールの縮小再生産とも言うべき事態が進行しているように彼が感じていたことが背景にあるようである。

いずれにせよ、本書がミレール周辺の議論に取り掛かる際に——その議論を受け入れるにせよ批判するにせよ——明快かつバランスのとれた見取り図を与えてくれることは間違いない。実際、私も最初の本『人はみな妄想する』のためのリサーチを行う際に、本書があたえてくれた見取り図を役に立てることができたことに感謝しているのである。

この解説の冒頭に記したように、現在、著者フルリーの興味関心は、精神分析そのものを離れて、むしろ哲学と精神分析の関係のほうに移行している。現在は本書のなかでも言及されるメディ・ベラ・カセムやピエール＝アンリ・カステルらとも親交が深いようであり、前者はフルリーの最近の哲学‐精神分析的依存症論『De l'usage addictif: Une ontologie du sujet toxicomane』（2016）に序文を寄せている。フルリーはメディ・ベラ・カセムの最新の著書『Système du pléonectique』（2020）を享楽を新たな視点から取り扱う哲学として絶賛しており、この辺りの議論も今後本邦に紹介されていくことが期待される。

なお、本書の翻訳にあたっては、精神分析家の向井雅明氏と共和国の下平尾直氏からの助言を、そして同僚のニコラ・タジャン氏からはフランス語の解釈についてご教示をいただいた。この場を借りて、感謝を申し上げたい。

二〇二〇年五月末日

訳者

« Les prisons de la jouissance », *Revue de la Cause freudienne* n° 69,2008.

« Semblants et sinthomes », *Revue de la Cause freudienne* n° 69, 2008.

« Rien n'est plus humain que le crime », *Mental* n° 21, 2008.

« L'invention du délire », *Revue de la Cause freudienne* n° 70, 2008.

« Conférence au Teatro Coliseo », *Revue de la Cause freudienne* n° 70, 2008.

« Effet retour sur la psychose ordinaire », *Quarto* n° 94/95, 2009.

« Introduction à l'érotique du temps », *Mental* n° 22, 2009.

« Nous sommes poussés par des hasards à droite et à gauche », *Revue de la Cause freudienne* n° 71, 2009.

« L'inconscient et le sinthome », *Revue de la Cause freudienne* n° 71, 2009.

« L'homme au loup, deuxième partie », *Revue de la Cause freudienne* n° 73, 2009.

« Quand la cure s'arrête », *Quarto* n° 96, 2009.

« Despedida », *Revue de la Cause freudienne* n° 74, 2010.

« La passe du parlêtre », *Revue de la Cause freudienne* n° 74, 2010.

Cause freudienne n° 64, 2006.

« L'inconscient réel », *Quarto* n° 88/89, 2007.

« L'enfant, une réponse du réel», *Quarto* n° 88/89, 2007.

« Une lecture du Séminaire D'un Autre à l'autre », *Revue de la Cause freudienne* n° 65, 2007.

« Un divertissement sur le privilège », *Revue de la Cause freudienne* n° 65, 2007.

« L'esp d'un lapsus », *Quarto* n° 90, 2007.

« Marie de la trinité », *Quarto* n° 90, 2007.

« Une lecture du Séminaire D'un Autre à l'autre », *Revue de la Cause freudienne* n° 66, 2007.

« La matrice du traitement de l'enfant au loup », *Revue de la Cause freudienne* n° 66, 2007.

« La passe bis », *Revue de la Cause freudienne* n° 66, 2007.

« Tribunal de Grande Instance de Paris », *Revue de la Cause freudienne* n° 66, 2007.

« Autour du sujet supposé savoir », *La lettre mensuelle* n° 260, 2007.

« Tout le monde délire », *Revue de la Cause freudienne* n° 67, 2007.

« Une lecture du séminaire D'un Autre à l'autre », *Revue de la Cause freudienne* n° 67, 2007.

« L'envers de Lacan », *Revue de la Cause freudienne* n° 67, 2007.

« Hommage à Gennie Lemoine », *Revue de la Cause freudienne* n° 67, 2007.

« De l'inconscient au réel: une interprétation », *Quarto* n° 91, 2007.

« Causerie sur les formations de l'inconscient », *Quarto* n° 92, 2008.

« La psychanalyse, la cité, les communautés », *Revue de la Cause freudienne* n° 68, 2008.

« Le rossignol de Lacan », *Revue de la Cause freudienne* n° 69, 2008.

« La logique de la cure du petit Hans », *Revue de la Cause freudienne* n° 69, 2008.

Cause freudienne n° 36, 1997.
« Voltaire, petite digression », *Ornicar?* n° 49, 1998.
« Lacan avec Joyce », *Revue de la Cause freudienne* n° 38, 1998.
« Le sinthome, un mixte de symptôme et de fantasme », *Revue de la Cause freudienne* n° 39, 1998.
« L'appareil à psychanalyser », *Quarto* n° 64, 1998.
« Portraits de famille », *Revue de la Cause freudienne* n° 42, 1999.
« Politique lacanienne », *Revue de la Cause freudienne* n° 42, 1999.
« Biologie lacanienne et événement de corps », *Revue de la Cause freudienne* n° 44, 2000.
« Le réel est sans loi », *Revue de la Cause freudienne* n° 49, 2001.
« La théorie du partenaire », *Quarto* n° 77, 2002.
« La formation de l' analyste », *Revue de la Cause freudienne* n° 52, 2002.
« L'ex-sistence », *Revue de la Cause freudienne* n° 50, 2002.
« Introduction à la lecture du séminaire de l'angoisse », *Revue de la Cause freudienne* n° 59, 2005.
« Les références du Séminaire L'angoisse », *Revue de la Cause freudienne* n° 59, 2005.
« Lecture critique des Complexes familiaux de Jacques Lacan », *Revue de la Cause freudienne* n° 60, 2005.
« Pièces détachées », *Revue de la Cause freudienne* n° 60, 2005.
« Psychanalyse et société », *Quarto* n° 85, 2005.
« Religion, psychanalyse », *Quarto* n° 86, 2006.
« Illuminations profanes », *Revue de la Cause freudienne* n° 62, 2006.
« Commentaire du Séminaire inexistant », *Quarto* n° 87, 2006.
« Le Séminaire de Jacques Lacan : Pièces détachées », *Revue de la Cause freudienne* n° 63.
« Affaires de famille dans l'inconscient », *La lettre mensuelle* n° 250, 2006.
« Une lecture du Séminaire D'un Autre à l'autre », *Revue de la*

freudienne n° 18, 1991.
« Les deux métaphores de l'amour », *Revue de la Cause freudienne* n° 18, 1991.
« Vers un signifiant nouveau », *Revue de la Cause freudienne* n° 20, 1992.
« Psychothérapie et psychanalyse », *Revue de la Cause freudienne* n° 22, 1992.
« Clinique ironique », *Revue de la Cause freudienne* n° 23, 1993.
« Sur le Gide de Lacan », *Revue de la Cause freudienne* n° 25, 1993.
« L'homologue de Malaga : remarques sur la logique de la cure », *Revue de la Cause freudienne* n° 26, 1994.
« Donc, je suis ça », *Revue de la Cause freudienne* n° 27, 1994.
« Jacques Lacan et la voix », *Quarto* n° 54, 1994.
« Le vrai, le faux et le reste », *Revue de la Cause freudienne* n° 28, 1994.
« Vous ne dîtes rien », *Revue de la Cause freudienne* n° 30, 1995.
« Le plus-de-dire », *Revue de la Cause freudienne* n° 30, 1995.
« La disparate », *Quarto* n° 57, 1995.
« Trio de Mélo », *Revue de la Cause freudienne* n° 31, 1995.
« L'interprétation à l'envers », *Revue de la Cause freudienne* n° 32, 1995.
« Réflexions sur la cité analytique », *Revue de la Cause freudienne* n° 33, 1995.
« L'interprétation à l'envers », *Revue de la Cause freudienne* n° 32, 1996.
« Retour de Grenade, savoir et satisfaction », *Revue de la Cause freudienne* n° 33, 1996.
« Des semblants dans la relation entre les sexes », *Revue de la Cause freudienne* n° 36, 1997.
« L'Autre qui n'existe pas et l 'expérience de la passe », *Revue de la*

« Problèmes cliniques pour la psychanalyse », *Quarto* n° 1, 1981.

« La topologie dans l'ensemble de l 'enseignement de Lacan », *Quarto* n° 2, 1981.

« De la fin de l'analyse dans la théorie de Lacan », *Quarto* n° 7, 1982.

« Philosophie : un panorama mondial des forces en présence », *L'Ane* n° 2, 1982.

« Schizophrénie et paranoïa », *Quarto* n° 10, 1983.

« Produire le sujet? », *Actes de l'E.C.F.* n° 4, 1983.

« Pas de clinique sans éthique », *Actes de l'E.C.F.* n° 5, 1983.

« Montré à Prémontré », *Analytica* n° 37, 1984.

« D'un autre Lacan », *Ornicar?* n° 28, 1984.

« C.S.T », *Ornicar?* n° 29, 1984.

« Transfert et interprétation », *Actes de l'E.C.F.* n° 6, 1984.

« Interventions de Lacan à la SPP », *Ornicar?* n° 31, 1984.

« S'truc Dure », *Pas tant* n° 8/9, 1985.

« H20 », *Actes de l'E.C.F.* n° 8, 1985.

« Réflexions sur l'enveloppe formelle du symptôme », *Actes de l'E.C.F.* n° 9, 1985.

« Ornicar ? Parier au pire », *Analytica* n° 44, 1986.

« À propos des affects dans l'expérience analytique », *Actes de l'E.C.F.* n° 10, 1986.

« Un mathème incarné : stade du miroir », *La lettre mensuelle* n° 50, 1986.

« Quelques réflexions sur le phénomène psychomatique », *Analytica* n° 48, 1987.

« Sigma de x », *Actes de l'E.C.F.* n° 12, 1987.

« Sur la leçon des psychoses », *Actes de l'E.C.F.* n° 13, 1987.

« Microscopie », *Ornicar?* n° 47, 1988.

« Acier l'Ouvert », *Quarto* n° 37/38, 1989.

« Remarque sur la traversée du transfert », *Revue de la Cause*

論文

« La suture », *Cahiers pour l'analyse* n° 1, 1966.

« Avertissement », *Cahiers pour l'analyse* n° 1, 1966.

« Supplément - Les graphes de Jacques Lacan commentés par Jacques-Alain Miller », *Cahiers pour l'analyse* n° 2, 1966.

« Nature de l'impensé », *Cahiers pour l'analyse* n° 5, 1967.

« Concept de la ponctuation », *Cahiers pour l'analyse* n° 8, 1967.

« L'orientation du roman », *Cahiers pour l'analyse* n° 8, 1967.

« Action de la structure », *Cahiers pour l'analyse* n° 9, 1968.

« Théorie de lalangue », *Ornicar?* n° 1, 1975.

« Le despotisme de l'Utile : la machine panoptique de Jeremy Bentham », *Ornicar?* n° 2, 1975.

« Matrice », *Ornicar?* n° 4, 1975.

« U ou il n'y a pas de métalangage », *Ornicar?* n° 5, 1976.

« Introduction aux paradoxes de la passe », *Ornicar?* n° 12/13, 1977.

« Algorithmes de la psychanalyse », *Ornicar?* n° 16, 1978.

« Sur les catastrophes, le langage et la métaphysique extrême », *Ornicar?* n° 16, 1978.

« Peirce, qui marinait dans le mathème », *Ornicar?* n° 16, 1978.

« La vraie Dora », *Ornicar?* n° 17/18, 1978.

« L'album de famille des Freud », *Ornicar?* n° 17/18, 1979.

« Jack and Jill and Jung », *Ornicar?* n° 17/18, 1979.

« La thèse de Church », *Ornicar?* n° 17/18, 1979.

« Un voyage aux îles », *Ornicar?* n° 19, 1979.

« Réveil », *Ornicar?* n° 20/21, 1980.

« El Piropo », *Ornicar?* n° 22/23, 1981.

« Entretien à Lubljana sur la psychanalyse en Yougoslavie », *Ornicar?* n° 26/27, 1981.

« Tous lacaniens! », *L'Ane* n° 1, 1981.

ミレールの著作目録
（すべて邦訳なし）

著作

La voix: actes du colloque d'Ivry (sous la direction de), « Jacques Lacan et la voix », La Lysimaque, 1989.

La scission de 1953: la communauté psychanalytique en France:1, Navarin, 1990.

Un début dans la vie, Gallimard, 2002.

Lettres à l'opinion éclairée, Seuil, 2002.

Qui sont vos psychanalystes ? (sous la direction de), Seuil, 2002.

Le neveu de Lacan: satire, Verdier, 2003.

Voulez-vous être évalué? : entretiens sur une machine d'imposture (avec Jean-Claude Milner), Grasset, 2004.

L'amour dans les psychoses (sous la direction de), Seuil, 2004.

Lakant (sous la direction de), École de la Cause freudienne, 2004.

Le secret des dieux, Navarin, 2005.

Le transfert négatif (sous la direction de), École de la Cause freudienne, 2005.

L'anti-livre noir de la psychanalyse (sous la direction de), Seuil, 2006.

La psychanalyse au miroir de Balzac (sous la direction de). École de la Cause freudienne, 2006.

Les variétés de l'humeur (sous la direction de), Navarin, 2008.

Scilicet: Les objets a dans l'expérience analytique (sous la direction de), École de la Cause freudienne, 2008.

Scilicet: Semblants et sinthome – 7e congrès de l'Association mondiale de psychanalyse (sous la direction de), École de la Cause freudienne, 2009.

ナ 行

ハ 行

マ 行

ヤ 行

ラ 行

サ　行

タ　行

事項索引

人名索引

著者略歴

ニコラ・フルリー（Nicolas FLOURY）

1978年生まれ。パリ第10大学にて、臨床心理士の資格と哲学の博士号を取得。主な著作に、『Elisabeth Roudinesco, une psychanalyste dans la tourmente』（2011）や『De l'usage addictif : Une ontologie du sujet toxicomane』（2016）などがある。現在は哲学と精神分析の関係についての研究に取り組んでいる。

訳者略歴

松本卓也（まつもと・たくや）

1983年高知県生まれ。高知大学医学部卒業、自治医科大学大学院医学研究科修了。博士（医学）。専門は精神病理学。現在、京都大学大学院人間・環境学研究科准教授。著書に『人はみな妄想する　ジャック・ラカンと鑑別診断の思想』（青土社、2015年）、『発達障害の時代とラカン派精神分析』（共著、晃洋書房、2017年）、『享楽社会論』（人文書院、2018年）、『創造と狂気の歴史　プラトンからドゥルーズまで』（講談社メチエ、2019年）、『心の病気ってなんだろう？』（平凡社、2020年）など。訳書にヤニス・スタヴラカキス『ラカニアン・レフト　ラカン派精神分析と政治理論』（共訳、岩波書店、2017年）がある。

Nicolas FLOURY: "LE RÉEL INSENSÉ – Introduction à la pensée de Jacques-Alain Miller"

First published in France by Germania, 2010
This is published in Japan by arrangement with Nicolas Floury, through le Bureau des Copyrights Français, Tokyo

現実界に向かって

ジャック゠アラン・ミレール入門

二〇二〇年九月　一日　初版第一刷印刷
二〇二〇年九月一〇日　初版第一刷発行

著者　ニコラ・フルリー
訳者　松本卓也
発行者　渡辺博史
発行所　人文書院
〒六一二‐八四四七
京都市伏見区竹田西内畑町九
電話〇七五・六〇三・一三四四
振替〇一〇〇〇‐八‐一一〇三
装幀　間村俊一
印刷所　モリモト印刷株式会社

落丁・乱丁本は小社送料負担にてお取り替えいたします

ISBN978-4-409-34055-4 C3011

松本卓也著

享楽社会論

精神分析が導く
現代資本主義社会の突破口

現代ラカン派の展開　二二〇〇円

ジャック・ラカンが提出した「剰余享楽」「資本主義のディスクール」といった概念は、現代社会の現象の把握のためにきわめて有効だ。本書では力強く展開する現代ラカン派の理論を紹介するとともに、うつ、自閉症、ヘイトスピーチといった、臨床や政治社会における広範な事象に応用し分析を試みる。精神分析の言説に新たな息吹をもたらす、ラカン派の俊英による鮮やかな社会論。